RUDOLF BRANDNER

MUSLIMISCHE IMMIGRATION UND DAS VERSAGEN DER POLITISCHEN VERNUNFT EUROPAS

RUDOLF BRANDNER

MUSLIMISCHE IMMIGRATION UND DAS VERSAGEN DER POLITISCHEN VERNUNFT EUROPAS

DIE WERKREIHE VON TUMULT **#14**

Herausgegeben von Frank Böckelmann

MANUSCRIPTUM.

Impressum

Vierzehnte Ausgabe der Werkreihe TUMULT, erste Auflage Juni 2024
Herausgegeben von Frank Böckelmann / TUMULT. *Vierteljahresschrift für Konsensstörung*, Dresden
www.tumult-magazine.net

Gestaltung & Herstellung
Lektorat: Horst Ebner, Wien.
Gestaltung: Thomas Löffler, Berlin

Titelnummer: 10610
ISBN: 978-3-948075-19-4

Printed in Germany

www.manuscriptum.de

INHALT

VORWORT

Einst war es die Bewunderung für die große islamische Architektur und Dekorationskunst, die vom Taj Mahal in Indien bis zur Alhambra in Spanien die Weltkultur inspirierte; es waren die wissenschaftlichen Leistungen in Mathematik und Medizin, islamische Dichtungen und die Werke arabischer Philosophie, die das Kulturleben des mittelalterlichen Europa bereicherten. Über Jahrhunderte hindurch begegneten sich christliche und muslimische Kultur mit wechselseitigem Respekt und Hochachtung. Aber was bleibt davon heute? Der geschichtliche Prozeß der Moderne hat beide in entgegengesetzte Richtungen getrieben. Durch die muslimische Immigration nach Europa prallen die Gegensätze nun hart aufeinander und zerreißen die europäische Lebenswelt. Es herrscht gegenseitige Ablehnung, Verachtung und Geringschätzung – mehr noch: Schrecken. Von den Philippinen bis Marokko und Nigeria befindet sich die islamische Welt in einer tiefgreifenden Krise der Radikalisierung, die sich in Gewalt und Terror entlädt. In der umgekehrten Blickrichtung steht ein Europa, das sich der migratorischen Gewalt hilf- und wehrlos gegenübersieht und daran seine eigene geschichtliche Bewußtseinskrise erfährt. Über die islamische Welt können wir nicht befinden; aber nach dem geschichtlichen Selbstbewußtsein Europas müssen wir fragen: wofür es steht und wofür nicht.

Dies rührt an einen wunden Punkt, der mehr betäubt als behandelt wird. Er betrifft ebensosehr das Verhältnis zur muslimischen Immigration wie das politische Projekt, der europäischen Staatenwelt eine gemeinschaftliche Gestaltung zu geben. Hier wie dort ist es die geschichtlich über die letzten Jahrtausende ausgebildete Lebenswirklichkeit europäischer Kultur, die einer ausdrücklichen Reflexion bedarf, um ein geschichtliches Selbstbewußtsein wiederzugewinnen, das heute in Auflösung begriffen scheint. Politische Ratlosigkeit ist die Folge davon. Aber wer den Umgang mit der geschichtlichen Negativität nicht vermag, wird mit ihr untergehen. Die Dynamik geschichtlicher Prozesse kennt weder Moral noch Gerechtigkeit, sie bleibt das mitunter grausame

Spiel der Macht, das sich nur durch Selbstbesonnenheit durchstehen und in produktive Verhältnisse umwenden läßt. Dazu aber bedarf es der Fundierung im geschichtlichen Selbstbewußtsein, das seinen Kulturgrund in die Selbstbejahung seines Daseins übernimmt.

Dazu die folgenden »Essays«: Versuche, die Realitätswahrnehmung gegen ihren immanenten Hang zum Illusionismus zu schärfen und in die geschichtliche Selbstbesinnung zu überführen. Das Pariser Attentat auf die Redaktion der Satirezeitschrift *Charlie Hebdo* 2015, nicht zuletzt seine öffentliche, mediale und politische Verarbeitung gaben die Gelegenheit dazu, den Finger auf die Wunde zu legen und ein Stück weit mentalitätsgeschichtlich zu diagnostizieren, wie es mit der allgemeinen Bewußtseinslage der Moderne bestellt ist. Im Blick steht deshalb weniger der Islam als die geschichtliche Verfassung europäischen Bewußtseins, wie sie sich am Umgang mit dem kulturellen Gegensatz muslimischer Immigration offenbart. Was daran geschichtsanalytisch als Erosion politischer Vernunft zu diagnostizieren ist, muß jenseits von Individual- und Massenpsychologie die Pathologie kollektiven Bewußtseins freilegen, die der geschichtlichen Situation der Moderne zugrunde liegt und ihre gesellschaftspolitischen Handlungsparameter bestimmt. Denn nur dadurch, daß sich das moderne Bewußtsein mit seinem eigenen Verfall auseinandersetzt, kann es sich auch wieder zum Umgang mit der realgeschichtlichen Negativität ermächtigen, die letztlich seine eigene ist.[1]

---

1 Die dem Buch zugrundeliegenden Essays, geschrieben 2015 bis 2018, wurden zum Teil erweitert bzw. ergänzt. Einiges davon erschien erstmals in *TUMULT. Vierteljahresschrift für Konsensstörung* (hrsg. von Frank Böckelmann) sowie auf verschiedenen Blogs (*Tichys Einblick*, *Jürgen Fritz Blog*, *The European*, *TUMULT*-Blog).

REFLEXE UND REFLEXIONEN UM *CHARLIE HEBDO*

Am 7. Januar 2015 erfolgte ein islamistischer Terroranschlag auf die Redaktion der französischen Satirezeitschrift *Charlie Hebdo*. Das folgende Kapitel ist den Opfern dieses Anschlags gewidmet:

Jean Cabut
Stéphane Charbonnier
Philippe Honoré
Bernard Verlhac
Georges Wolinski
Elsa Cayat
Bernard Maris
Franck Brinsolaro
Mustapha Ourrad
Michel Renaud
Frédéric Boisseau
Ahmed Merabet
Philippe Braham
Yohan Cohen
Yoav Hattab
Clarissa Jean-Philippe
François-Michel Saada

I. REFLEXIONEN: ZUR RELIGIÖSEN BILDUNGSGESCHICHTE

1. Der Satyr, das Lachen und der Gott

Der Mensch lacht –, und er lacht gerne, es macht ihm Spaß, Lust und Freude, ist beglückend und beseelt seine ganze Befindlichkeit – wenn er lacht, dann geht es ihm gut. Deshalb sucht er auch in Witz und Ironie, Komödie und Satire, Spott und Karikatur das Lachen zu einer eigenen Kunstform auszubilden, die ihm diese Lust vermittelt. Woher das Lachen und seine Lust? Das Lachen sei, so Aristoteles, eine Wesenseigentümlichkeit des Menschen: Denn Tiere lachen nicht; das vermag nur ein Lebewesen, das wie der Mensch durch das Erkennen ausgezeichnet ist. Warum? Weil nur das Erkennen die Möglichkeit bietet, aus seiner Befindlichkeit herauszutreten, sich über sie zu erheben und damit von ihr zu befreien. Es ist diese Befreiung, die der Mensch im Lachen verlautbaren läßt. Deshalb sind auch die Götter lachende Wesen, das Lachen selbst eine Offenbarung des Göttlichen. Aber was wie das Tier eingebunden in seine jeweilige lust- oder schmerzvolle Befindlichkeit dahinlebt, hat keinen befreienden Ausgang aus seiner Verfassung: Im Lachen offenbart sich die Transzendenz des Erkennens über die affektiven Befangenheiten, die den Menschen in seine Nichtigkeiten verstricken. Die in sich selbst befangene Befindlichkeit löst sich – und teilt sich mit in der befreienden Lust des Lachens. Lachen ist Überschreitungs- und Befreiungslust, die dort aufgeht, wo sich der Mensch aus der Befangenheit herauslöst und an ihren Nichtigkeiten das Lächerliche entdeckt.

Deshalb ist das Lächerliche auch allein dem Menschen eigentümlich, wenn wir die antiken Götter einmal beiseite lassen. Ein Tier ist nie lächerlich; deshalb bedarf es auch nicht des Lachens. Anders der Mensch: Menschen sind nicht nur lachende, sondern immer auch lächerliche Wesen, die des satyrhaften Spotts als einer Bildungsinstanz bedürfen, um sich von allen Nichtigkeiten zu befreien. Der Mensch braucht den Satyr, halb göttliches Erkenntniswesen, halb tierisches Befindlichkeitswesen, das ihn zum wahren Bewußtsein des Göttlichen in seinem Dasein durchbildet, das alle Lächerlichkeit und alle Nichtigkeiten von sich abgeworfen hat. Im Satyr verlacht der Mensch sich selbst, seine Schwächen, Dummheiten und Niedrigkeiten. Was lächerlich ist, wird aufgezeigt, abgeworfen und überwunden. Es wird nicht mit Häme und Gehässigkeit ausgegrenzt und verfolgt, sondern aus der Lust der Befreiung als Allgemeinmenschliches anerkannt und in seine Bildung aufgenommen. Die Lust des Lachens versöhnt mit dem Lächerlichen – sie bleibt ihm sympathetisch zugeneigt mit einer gewissen Dankbarkeit verbunden, die aus dem Ressentiment gegen bloße Niedrigkeiten herauslöst. In diesem Sinne ist der Satyr der Erkenntnishelfer des Menschen, der ihn über sich hinaus ins Göttliche eines von allen Ressentiments und Widrigkeiten befreiten Daseins erhebt. Sein Spott ist eine *religiöse* Bildungsinstanz, den Menschen von seinen Primitivismen, seinen Nichtigkeiten und Lächerlichkeiten zu befreien, um ein höheres Bewußtsein seines Daseins auszubilden. Alles Göttliche, Vollendete geht deshalb auf in Lachen und Heiterkeit, in Freude und Glück eines sich von allen Nichtigkeiten befreienden Daseins. Weshalb das Lachen allen indoeuropäischen (polytheistischen) Religionen eine Bildungsinstanz religiösen Bewußtseins ist.

Nicht so den vorderorientalischen Religionen und ihrem ausschließlichen Gottesbewußtsein. Der in leidenschaftlichem Eifer und Zorn um seine Anbetung befangene jüdisch-christliche Gott galt schon der Antike als wenig »göttlich« – als Mißverständnis des Göttlichen selbst, das frei, gelassen und gelöst von allen menschlichen Leidenschaften, ihrer Wichtigtuerei und Geltungssucht sei. Daher Nietzsche, sein stärkster Einwand gegen den jüdisch-christlichen Gott sei, *daß er nicht lache*. Wo der absolute Ausschließlichkeitsanspruch des einen Gottes den Menschen in die schlechthinnige Unterwerfung bannt, hat das befreiende Erkennen und sein Lachen keinen Platz: Es verletzt die Achtung und gilt als lästerlich und verworfen. Lachen bleibt subversiv, es weigert sich, die Wahrheit, Macht und Erhabenheit eines anderen anzuerkennen und sich ihr zu unterwerfen. Es ist deshalb durchaus ernst gemeint und keine nur zu belächelnde Absonderlichkeit, wenn der ehemalige türkische Vizepremier 2014 ein Lachverbot für Frauen in der Öffentlichkeit forderte: Die Lust des Lachens gehört zu den selbstbejahenden Lebensäußerungen und hat eine sexuell anrüchige bis obszöne Konnotation. Die Erkenntnislust des Lachens hat im religiösen Bereich des Monotheismus keinen Ort; nicht nur als Lustanzeige sexueller Provokation, sondern als Zeichen der Überhebung und Abkehr von der Transzendenz des Heils ist es verwerflich: Wo der Mensch lacht, überhebt sich sein Erkennen. Er vergeht sich in Leichtsinn, Nachlässigkeit und Unbekümmertheit an der absoluten Heilszentrierung seines Daseins in der Transzendenz Gottes – als könne sein Leben auch außerhalb des religiösen Bezugs gedeihen. Wo er das Lachen in diesen hineinträgt, ist es Blasphemie, Gotteslästerung, dämonengewirktes Widersein gegen den Gott. Noch Wagners *Parsifal* inszeniert an der unerlöst umhergetriebenen Kundry den Fluch, den Erlöser am Kreuz *verlacht* zu haben, und Umberto Eco hat seiner ins Mittelalter verlagerten Kriminalgeschichte *Der Name der Rose* die religiöse Verwerflichkeit des Lachens zugrunde gelegt, die den Leser des (verlorenen) Zweiten Buches der aristotelischen *Poetik*, das der Komödie und damit dem Lachen gewidmet ist, mit dem Tod durch Gift bestraft.

Den Griechen war es ein Reinigungsritus (*kátharsis*), die nach Eleusis ziehenden Mysten mit Hohn- und Spottreden (Aischrologie) zu überziehen, um all ihre menschlichen Eitelkeiten als lächerliche Nichtigkeiten zu offenbaren, derer sie sich für die Mysterienweihe zu entledigen hätten; ein Überbleibsel davon haben wir noch an Fastnacht und Karneval. Unvorstellbar bleibt eine solche rituelle Verspottung für den österlichen Kirchgang oder den Pilgerzug nach Mekka. Denn das Nichtige im menschlichen Verhalten ist nun zur Sünde gegen den Gott geworden – und wird im Beicht- und Bußritus einzig und allein vor dem Gott selbst bekannt. Am Gott gilt nur der absolute Ernst, der ihn im Schauer des Heiligen überkommt. Was außerhalb seiner ein Nichtiges ist, wird nicht als Lächerliches verlacht und verspottet, sondern als Schuld bekannt oder verfemt, ausgerottet und vernichtet. Der Satyr ist nicht der Helfer, sondern der Widersacher Gottes – er wird zum »Satan«, dem Teufel, der auch in der figürlichen Darstellung die Züge des antiken Satyrs übernimmt. So kennen die vorderorientalischen Religionen das Lachen nicht als Bildungsmedium des Menschen und seines religiösen Bewußtseins, sondern nur als weltverhaftete Verwerflichkeit und gottverneinende Irreligiosität.

2. Die symbolische Verletzung

Sokrates, von Aristophanes in den *Wolken* dem allgemeinen Spott preisgegeben, meinte, man müsse der Verspottung durch die Komödie dankbar sein: Wo sie auf wirkliche Fehlhaltungen treffe, wirke sie auf ethische Besserung hin; wo nicht, gehe einen die Sache nichts an.[2] Das ist die geistig überlegene, philosophische Haltung. Durch die Auf- und Übernahme vorgängiger polytheistischer Religionstraditionen hat sich auch das christianisierte Abendland einiges davon bewahrt. Davon zeugen mittelalterliche »Spottmessen«, wie sie uns aus den *Carmina Burana* überliefert sind, ebenso wie eine weitverbreitete Priestersatire, die als Kritik an den religiösen Institutionen einen festen gesellschaftlichen Ort besetzt und mit den Papstkarikaturen der Lutherzeit auch direkt in die Religionskämpfe eingreift. Nicht erst seit der Aufklärungszeit sind Spott und Satire, Kritik und Polemik, selbst Beleidigungen und Beschimpfungen feste Momente in der symbolischen Entfaltung gesellschaftlicher Gegensätze, die sich in Sprache, Bild und Gestik zur Kunstform ausbildet und einen integralen Bestandteil der europäischen Kultur ausmacht, und zwar nicht nur als belustigende Unterhaltung, sondern auch als Bildungsinstanz menschlicher Selbstreflexion. Was »scherzhaft«, witzig, ironisch, satirisch gesagt wird, ist nicht als wahre Sachbestimmung gemeint wie in der ernsten, »eigentlichen« Aussage, sondern gibt sich als Reflex subjektiver Wahrnehmung und Einstellung, darin die Sache aufgehoben und ihrer selbst verfremdet wird, um erneut über sie nachzudenken. Wenn sich Witz, Spott und Satire von bloßen

2 Diogenes Laertius, *Leben und Meinungen berühmter Philosophen* (Hamburg 1967), S. 91. Zur religiösen Bedeutung der antiken Komödie empfiehlt sich kurz und übersichtlich die Einleitung von Otto Weinreich in: Aristophanes, *Sämtliche Komödien* (Zürich 1968).

Beschimpfungen und Beleidigungen unterscheiden, dann deshalb, weil ihr spielerischer Unernst den Verlachten nicht als solchen in seinem Menschsein trifft, sondern nur in einer seiner Erscheinungsweisen. Was ihn zugleich dazu einlädt, mitzulachen, ihn also mit seiner durch den Spott ausgedrückten Negation versöhnt. Deshalb gilt der Humorlose auch als unfrei, kleinkariert, verbiestert und selbstbefangen – es fehlt ihm das Vermögen, eine Sache spielerisch aufzuheben und ihrer selbst zu entfremden, was Grundlage aller geistigen Bildung.

Solange der Spott verletzt, so lange trifft er auch auf ein Unfreies, eine Befangenheit in Nichtigkeiten, die aufzuklären ist. Wo dies geleistet ist, gleitet er ab an der souveränen Gelassenheit des Gebildeten, den solche Kindereien nicht mehr anfechten. Das ist die philosophische Wahrheit des Sokrates. Den anderen mit seinen »Verletzlichkeiten« zu terrorisieren ist immer ein Zeichen psychischer Labilität und mangelnder geistiger Persönlichkeitsbildung. Gerade den religiös gebildeten Menschen kann letztlich kein Spott mehr verletzen – er belächelt ihn mitleidig wie all die Armen im Geiste, die an ihm ihr Wasser abzuschlagen versuchen. Auch deshalb ist die moralische Frage, was Satire »darf«, gegenstandslos – sie ist keine Sache der »Erlaubnis«, sondern der ethischen und künstlerischen Bildung, die das Spielerische und Humorvolle von Beleidigung und Diffamierung zu unterscheiden weiß. Eine Religion, die sich durch Spott, Ironie, Satire und Karikatur in ihren Grundfesten erschüttert und verletzt sieht, ist dies im Bewußtsein ihrer tiefgreifenden Krise, des massiven Zerfalls ihres Heilswissens und seiner Bildungsstrukturen, und versucht nun im Vorwurf der »Verletzung«, durch Anklage und Beschuldigung der anderen ihre unverletzliche Wahrheit in Anspruch zu nehmen – ihre »Heiligkeit«. Diese autorisiert sie eben auch dazu, gegen das Unheilige und Böse vernichtend vorzugehen. Gewalt als Ausbruch der Verletztheit ist reaktive Umwandlung vom Passiv ins Aktiv, ins Verletzen, die sich aus der inneren Blockade und Sperre, dem Unvermögen geistig-künstlerischer und intellektueller Auseinandersetzung in die physische Abfuhr frustrierter Energien entlädt, also geistige Ohnmacht bezeugt.

Es ist diese Gewalt, die als spezifisch religiöse die praktische Konsequenz ihrer sakralen Lachfeindschaft und tiefen Humorlosigkeit zieht und sie durch Fanatismus kompensiert. Wenn nun das bekannte Satirelied auf Erdoğan und Jan Böhmermanns »Schmähkritik« von türkischer Seite als »schweres Verbrechen gegen die Menschlichkeit« (!) bezeichnet und mit entsprechenden politischen Maßnahmen geahndet wurden, so muß man sich fragen, wie hier das Menschsein verstanden wird. So ist auch der Strafantrag gegen Böhmermann nur ein rechtsstaatlich simuliertes Analogat zu der gegen Salman Rushdie verhängten Fatwa und ein symbolisches Analogon zur physischen Vernichtung, wie es das Pariser Massaker vorgeführt hat: Humorlosigkeit als Kulturindex.

Wäre dann die kulturelle Integration von Muslimen in westliche Gesellschaften nicht nach einem Humor-Index zu bestimmen, der ein philosophisch aufgeklärtes Verhältnis zur eigenen Identität und ihrer religiösen Bildungsgeschichte zur Voraussetzung machte? Nicht Fußballer und Rapper, sondern allein muslimische Kabarettisten und Satiriker *ihrer selbst* wären dann die einzig »gut Integrierten«, *die* Vorbilder kultureller Integration. Das Lachen lernen: auch dies eine Weise freier Erkenntnisbildung.

3. Monotheistische Identitätsbildung und Heilspolitik

Das Erschrecken über die Ermordung der Pariser Satyrn und damit über den Angriff auf die elementaren Grundlagen der europäischen Sinnes- und Lebensart ist auch ein Erschrecken über das Unverhältnismäßige: das eigentlich Maßlose religionsmotivierter Gewalt gegen ein für unser Ermessen so unschuldiges Geschäft wie die Satire. Wie dann in den darauf folgenden Terrorkommandos um das Bataclan wird nicht eine symbolische Repräsentanz politischer Macht, sondern die moderne Lebenswelt selbst angegriffen und der Vernichtung geweiht. Diese neue Form religiöser Gewalt steht ganz im Zeichen der kulturellen Inkompatibilität der islamischen Welt mit der Moderne, eine Inkompatibilität, die sich nur aufgrund der muslimischen Immigration auf europäischem Territorium geltend macht und als selbsternannte Inquisition die symbolische Verletzung von »Rechtgläubigkeit« mit Bomben und Kalaschnikows rächt. Sie ist im Kern ein migrationsbedingtes Phänomen abseits und außerhalb aller zwischenstaatlichen Verhältnisse: Erst die muslimische Immigration verlagert die geschichtliche Unvereinbarkeit der Daseinsauffassungen ins Binnenfeld der europäischen Lebenswelt und führt zum »Zusammenprall der Kulturen« (*clash of cultures*), der sich in realgeschichtlichen Terror übersetzt.

Das muß das heutige Europa aber um so tiefgreifender erschrecken, als sie traumatische Momente seiner eigenen religiösen Bildungsgeschichte wieder aufleben läßt, die über die blutigen Religionskriege und ihre nachfolgenden gesellschaftlichen Verwerfungen und Zerrüttungen überwunden wurden. War es aber damals die tiefe Zerrissenheit der eigenen religiösen Welt, die sich in Gewalt entlud, so sind es nun Fremde, Eingewanderte, die ihre andere, konträre Bewusstseinslage in die aufnehmenden europäischen Gesellschaften importieren und als Terror gegen sie entladen. Der gesellschaftliche Antagonismus, wie er unvermeidlich zu ihrer geschichtlichen Genese gehörte, ist nicht mehr ihre Sache: Er bricht ohne ihr Zutun, willkürlich und unversehens aus einem fremdartigen Außenbereich in sie ein – und erinnert doch an eigenes Geschick.

Der Grund religiöser Gewalt liegt in der Identitätsbildung religiöser Gemeinschaften. Religiöse Gewalt ist ein Spezifikum der vorderorientalischen, monotheistischen Religionen, eignet also auch Judentum und Christentum kraft ihrer gemeinsamen Verwurzelung in der abrahamitischen Religion der Exklusivität der Heilsgemeinschaft: Sie erzeugt sich aus der ausschließlichen Hinwendung zu dem einen Gott, der zuerst (henotheistisch) nur einer unter anderen, dann aber (monotheistisch) der Einzige ist, dem alles unterworfen ist. Deshalb verlangt er auch seine universelle Anerkennung und garantiert nur unter dieser Bedingung das Heil des Einzelnen wie der Gemeinschaft. Diese ist damit auch um ihres eigenen Heils willen aufgerufen, seine Anerkennung menschheitsgeschichtlich (universal) durchzusetzen. Aus der Exklusivität dieser Gottesintensität konstituiert sich das Heilsbewußtsein der Gemeinschaft und damit die sich selbst bejahende Identität des Einzelnen, außerhalb derer er »nichts«, ein »Nichtiger« (Irregeleiteter, Verblendeter, Unheilvoller) ist. Es ist diese Ausschließlichkeit sakralen Heilsbewußtseins, die ihn allererst zum »Menschen« qualifiziert: Denn seiner Naturbestimmtheit nach ist der Mensch vorerst nur ein Tier in Menschengestalt; zum Menschen wird er erst durch die bedingungslose Unterwerfung und Erhebung zum Höchsten, aus dem er das ganze Heil seines Daseins – das ewige Leben – bezieht, indem er sich den Gesetzen religiösen Lebens bedingungslos unterwirft. Diese sind gleichsam der Reflex, die Widerspiegelung Gottes in der Praxis des Menschseins, seine alltägliche Vergegenwärtigung. So scheidet den Gläubigen vom Ungläubigen weniger der Gott als das »Gesetz«, das als Praxis öffentlicher Gottesbezeugung allein die seelische Gemeinschaft *wirklicher* Menschen jenseits ihres bloß äußerlichen, ökonomischen und sozialen Verkehrs miteinander zu begründen vermag. Der Ungläubige ist Mangel und Verkehrung am Menschsein: Er ist nicht Gegenstand der Achtung *als Mensch*, sondern im Grunde ein rechtloses Subjekt außerhalb der Heilsgemeinschaft, dessen gewaltsame Bekehrung oder gar physische Vernichtung religiöse Pflicht, Auftrag und Weisung des Gottes ist. Der Andere, sofern er der eigenen Offenbarungswahrheit noch als verwandtes Moment integriert werden kann, wird höchstens *geduldet* (toleriert) – eine »Toleranz«, die kein affirmatives, sondern ein negatives Verhältnis bloßer Duldung bezeichnet, mitunter Verachtung bezeugt, aber als Macht auf gewaltsame Bekehrung oder Vernichtung großmütig verzichtet. Erst das im Zuge der europäischen Aufklärung errungene rechtsstaatliche Vergemeinschaftungsprinzip moderner Staaten bildet die Grundlage der Wahrnehmung aller Menschen als Gleiche – unabhängig von ihrer Religion, die nicht mehr als gemeinschaftsstiftende Identitätsbildung zum Zuge kommt.

Daher die faktische Asymmetrie der Blicke: Wo der religionsprivativ säkularisierte Mensch den Menschen als Menschen erkennt, erblickt das islamisch gebildete Heilsbewußtsein den zu achtenden Mitmenschen nur innerhalb der Heilsgemeinschaft (der Umma), das heißt im Horizont der religiösen Unterscheidung von Gläubigen und Ungläubigen. Entsprechend wurde deshalb auch der allgemeinen (westlichen) Auffassung der Menschenrechte die islamische auf Grundlage der *scharia* entgegengesetzt.[3] Anlaß genug, sich die abgrundtiefe Differenz philosophischer

3 Dazu ausführlich: Rudolf Brandner, *Die Ideologie der Menschenrechte und das Ethos des Menschseins* (Neuruppin 2022), S. 16 ff.

und religiöser Begriffsbildung klarzumachen: »Mensch« bezeichnet dort einen formal allgemeinen Begriff, hier aber den inhaltlich exklusiven Heilsbegriff religiöser Gemeinschaftsbildung – eine durch die Unterwerfung unter prophetische Heilsoffenbarungen restringierte Teilmenge.

Es ist dieses negativ ausschließende Verhältnis zu Anderen, das alle Monotheismen kennzeichnet: Die gewaltsame Bekehrung mit Feuer und Schwert, physischer Unterwerfung und Vernichtung – statt durch freie Überzeugung und geistige Anerkennung – war allen monotheistischen Religionen, wenn auch nach dem wechselnden Ausmaß ihrer militärischen Macht, geläufig. Der semitische Gott ist immer Eifer und Zorn, verzehrendes Feuer und Rache der Vernichtung. An ihm vollzieht sich die autoritäre (totalitäre) Gemeinschaftsbildung (Vergemeinschaftung), die sich an der Unbedingtheit der Gesetze niederschlägt und mit Tod und Vernichtung bedroht, wer sich gegen sie kehrt. Es gibt keine Spielräume geistiger Freiheit; an ihre Stelle tritt höchstens das »Erbarmen«, die »Gnade« als Akt der Willkür, auf Vernichtung zu verzichten. Im Gegensatz zu den indoeuropäischen (polytheistischen) kennzeichnet die semitisch-abrahamitischen Religionen die Exklusivität eines mit äußerster Leidenschaft betriebenen Gottesfanatismus: Die absolute Unterwerfung bildet die Grundlage der Gemeinschaft, die alle Autorität der vergemeinschaftenden Gesetze in die göttliche Offenbarung verlegt. So sind Judentum und Islam wesentlich Gesetzesreligionen, was vom Christentum nicht in derselben Weise gilt, von polytheistischen Religionen aber überhaupt nicht. Deshalb sind die religiösen Gesetzesbücher zugleich politische Ideologien, aus denen sich auch heute noch das Selbstverständnis religiöser Gemeinschaften erzeugt, wie im orthodoxen Judentum, dem Zionismus und dem fundamentalistischen Islam.

Der grundlegende Unterschied in der Gemeinschaftsbildung läßt sich relativ einfach am Gegenfall polytheistischer Religionen verdeutlichen. Auch hier hat die Gemeinschaft (*pólis*) *ihre* Götter, aber sie sind letztlich doch keine anderen als die anderer Gemeinschaften. Polytheistische Religionen kennen keine Gläubigen oder Ungläubigen, ja überhaupt keinen Glauben, sowenig wie einen Lehrinhalt (*dógma*), daher auch keine Bekehrung oder Häresie, sondern nur die Welterfahrung der Gemeinschaft mit dem Heil- und Unheilvollen des Daseins, die in

Helden- und Göttermythen erzählt, inszeniert, gespielt und kultisch begangen wird. Aber gerade sie ist nach dem Selbstverständnis polytheistischer Religionen letztlich für alle menschlichen Gemeinschaften mehr oder minder ein und dieselbe und vollzieht sich in analogen Konstellationen des Heil- und Unheilvollen, auch wenn Inder, Perser, Griechen, Römer, Germanen oder Kelten sie anders benennen und mythologisch inszenieren. Die Religion kann ihnen deshalb auch nie selbst zum Grund, Anlaß oder Gegenstand von Kriegen sein, sie unterscheidet nicht in Gegensätze, sondern vereint die Menschheit in eine allen gemeinschaftliche Dramatik ihres Daseins. In dieser Hinsicht sind die Polytheismen die eigentlich universalen Religionen, und die vermeintliche »Universalität« der Monotheismen eine solche, die paradoxerweise »universal« nur aufgrund einer Verengung des Begriffs des Menschseins durch den ausschließlichen Heilsinhalt ist. Einer polytheistischen Religionsgemeinschaft ist es gänzlich unmöglich, »um Gottes Willen« zu töten, die Religion überhaupt zu einer Kriegssache zu machen: Sie grenzt nicht Menschen als Heilsgemeinschaften gegeneinander aus, sondern wirkt im Ethos der Gemeinschaft als ihr wechselndes Glück und Unglück, Heil und Unheil.

Erst das ganz aus dem ausschließlichen Gottesbewußtsein gestiftete Gemeinschaftsgefühl der Exklusivität ewigen Heils löst jene ungeheure Transzendenzbeseelung aus, die sich in der militärischen Schlagkraft monotheistischer Eroberungen niederschlägt, von der frühisraelischen Landnahme über die christliche Überwältigung der gesamten antiken Welt bis hin zur geradezu explosiven islamischen Welteroberung von Spanien bis zum Indus. Der weltgeschichtliche Sieg von Christentum und Islam war keiner des Erkennens und Überzeugens, sondern ein Sieg der durch fanatische Ausschließlichkeit freigesetzten Motivationskraft kollektiven Heils, die sich durch physische Massengewalt durchsetzte. Damit ist das Schicksal pluraler Religionsgemeinschaften besiegelt: Beseelt von der fanatischen Ausschließlichkeit der Gottesbegeisterung vermag keiner, dem noch etwas entgegenzusetzen. Mürbe, alt und verbraucht zerfallen die liberalen Kulturen der Antike, die mangels vertikalem Enthusiasmus transzendenzerfüllten Ausschließlichkeitsbewußtseins aller Widerstandskraft entbehren.

Die monotheistische Heilsidentität hat so unmittelbar politische Konsequenzen. Sie impliziert die durch sie gegründete Gemeinschaft im ganzen und wendet sich deshalb zuerst gegen ihre eigenen Teilhaber: all die »Lauen und Laschen«, die gottvergessen nur ihre eigenen Geschäfte betreiben und sich dem Ansturm des Gottes entziehen. Die innere Festigung der Einheit geht der äußeren Eroberung voraus und bleibt ihre unerläßliche Bedingung – Primat der Innen- vor der Außenpolitik. Nur eine restlos in sich zusammengeschweißte Einheit vermag ihre ganze Machtfülle nach außen zu entfalten. Nur im Kampf gegen die Unbotmäßigen begründet Moses die Stämme zur israelischen Gemeinschaft. Was sie vorher waren, ist partikularer Götzendienst. Erst das Feuer der Gottesoffenbarung schmiedet sie zur Einheit einer Heilsgemeinschaft, darin alle »Lauen und Laschen« verbrennen. Erst die christlichen Konzile etablieren das christliche Dogma (Lehre) zur allgemeinverbindlichen (katholischen) Wahrheit, in denen sich die sprachlich und kulturell verschiedenen Völker zur Heilsgemeinschaft der Christenheit vereinigen. Erst Mohammed eint die Gemeinschaft arabischer Stämme durch die Einheit seines ausschließlichen Gottesbewußtseins, das sich in ihm als die bedingungslose Gültigkeit der maßgeblichen Gemeinschaftsregeln (Gesetze) offenbart. Hier wie dort ist es der innere Kampf gegen die subjektive Vielfalt des Heilsbewußtseins der eigenen Leute, durch die sich die neue Form menschlicher Vergemeinschaftung im monotheistischen Heilsbewußtsein durchsetzt: Aus der Vergemeinschaftung in der Ausschließlichkeit des Heils, der sich alle zu unterwerfen haben, erfährt die Gemeinschaft ihren ungeheuren Machtzuwachs, der sich in der geographischen Expansion ihrer Herrschaftsgebiete niederschlägt.

So viel zur modernen, der geschichtlichen Wirklichkeit von Religionen entfremdeten Naivität, Religion habe nichts mit Gewalt und Vernichtung zu tun; und Muslime seien doch auch Opfer islamischer Gewalt – folglich habe der Islam auch nichts mit Islamismus zu tun. Man mag noch darüber streiten, wer den größten Genozid der Menschheitsgeschichte verübt hat: die christlichen Eroberer der Amerikas mit der Vernichtung der indigenen Ureinwohner oder die islamischen Eroberer des indischen Kulturraumes, und das alles in Handarbeit, ohne technologische Massenvernichtungswaffen. Sicher aber ist, daß die Exklusivität des monotheistischen Heilsbewußtseins eine religionsgeschichtlich einzigartige Form menschlicher Gewalt begründete, die – von der europäischen Bewegung der Aufklärung unbehelligt – nach wie vor das religiöse Selbstbewußtsein des Islam bestimmt. *Islamo-* oder *théofascisme* nannte man dies schon in Frankreich.

4. Differenzen religionsgeschichtlicher Entwicklung

Wenn im Brennpunkt gegenwärtigen Weltgeschehens der Islam steht, dann nicht primär als Objekt, sondern zuallererst als Subjekt globaler Selbstausgrenzung innerhalb konstitutiv anderer geschichtlicher Kulturen – nicht nur der europäischen, sondern auch den indoasiatischen. Während der Islam (wörtlich: »die völlige Hingebung an den Willen Gottes«[4]) die bedingungslose Unterwerfung unter die absolute Erhabenheit des Gottes fordert, wie sie durch Mohammed im Koran als reiner Gesetzesreligion offenbart und festgelegt wurde, bewahrt das Christentum die geistige Selbständigkeit des Einzelnen in der Form des Gewissens, das seine unvertretbare Verantwortlichkeit impliziert. Es ist diese Gewissensbildung, aus der die neuzeitliche Subjektivität hervorgeht und ihr Freiheitsbewußtsein entwickelt, das sich in der Aufklärungsbewegung gegen die institutionalisierte Heilslehre der katholischen Kirche durchsetzt. Dem Islam fehlt nicht nur diese geistige Selbständigkeit der Gewissensbildung, sondern auch eine Metainstanz religiöser Offenbarung, die – wie die katholische Kirche – den Inhalt des Glaubens (Dogma) allgemeinverbindlich definierte: Die literarische Buchoffenbarung bleibt die einzige und ausschließliche Autorität, die der Beliebigkeit religiöser Schulen, ihrer Imame und ihrer Interpretationen ausgesetzt in jeder Moschee (arabisch *masjid*, Ort der Niederwerfung qua Unterwerfung) eine andere werden kann. Es ist dieses

4 Übersetzung nach Annemarie Schimmel, *Der Islam* (Stuttgart 1997); zur institutionellen Verfassung des Islam siehe die hervorragende Abhandlung von Wilfried Buchta, *Die Strenggläubigen* (Berlin 2016).

institutionelle Defizit, das die innere Labilität islamischer Religiosität begründet und immer wieder dazu führen muß, sie durch autoritäre Strenge und Gewalt zu überkompensieren. Damit wiederholt die islamische Dynamik aber nur die Ursprungs- und Entstehungsbedingungen ihrer religiösen Offenbarung, die wie die mosaische, aber ganz anders als die neutestamentarische wesentlich im Pathos des Krieges gegen die Ungläubigen und Irregeleiteten fundiert bleibt – zuerst gegen Mekka und arabische Stammesreligionen, dann auch gegen Juden, Christen und den Rest polytheistischer Götzendiener. Nicht die religiöse Erleuchtung zur Auflösung menschlicher Negativität ist Sache der islamischen Religionsstiftung, sondern die Unterwerfung unter die exklusive Heilsoffenbarung Mohammeds, die sich am Krieg, der Begehung des eigenen Todes in der Vernichtung von Ungläubigen (griechisch *martyrei*) bezeugt. Eine Unterscheidung von Religion und Politik, Kirche und Staat, Heilswissen und Gemeinschaftsordnung kann unter diesen Bedingungen schlechterdings nicht stattfinden: Religion *ist* Politik, gemeinschaftsstiftendes Heil – und dies ihre ganze Wahrheit.

Der Islam erzeugt sich im Kern als politische Kriegsreligion der Bekehrung und Vernichtung (*jihad*), die das Passiv der eigenen Unterwerfung unter das Höchste (Allah) wiederum ins Aktiv umkehrt: die Unterwerfung aller anderen. Der Koran selbst ist deshalb ganz vom Ausschließlichkeitspathos des Krieges durchzogen, das sich in vergleichbarer Weise höchstens anderthalb Jahrtausende früher in den alttestamentarischen Schriften Moses (IV, V) finden läßt. Er bleibt ein Dokument religiöser Archaik, die abseits der geistigen Erfahrungswelt des Römischen Reiches eine um Jahrtausende verspätete »Wiedergeburt« erfährt und sich im anthropologischen Gegensatz zu den »Ungläubigen« – und nicht in der Transzendenz Gottes – fixiert. Denn die mit allem Menschlichen inkommensurable Transzendenz des Gottes gebietet es, auf alles Verstehen, Sprechen und bildliche Vorstellen zu verzichten und den Gott nur als Negation alles Welthaften zu wissen, als »Großheit«, die über alles erhaben ist. Nur als Erfahrung der Mystik, nicht aber als Gegenstand des Denkens und Wissens sind die Transzendenz des Gottes und sein Erlösungsversprechen dem Menschen zugänglich.[5] Wie das zur Gesetzesreligion ritualisierte Judentum zentriert sich das religiöse Bewußtsein deshalb im »Gesetz« (*scharia*), dem Reflex Gottes in der rituellen Vergemeinschaftung der Rechtsverhältnisse, die damit stellvertretend für das nicht darstellbare und repräsentierbare Göttliche – das »Allesbelebende« – stehen.

Erst die Aufnahme und Verarbeitung der griechischen Philosophie vom 8. bis zum 12. Jahrhundert hat das religiöse Bewußtsein des Islam auf eine höhere Stufe theologischer Reflexion gehoben und ihn durch das philosophische Erkennen vergeistigt, wie zuvor schon Judentum und Christentum. Aber mit dem Verschwinden der Philosophie aus dem Islam geht seit dem 13. Jahrhundert auch sein kultureller Niedergang einher. Dieser führt in den darauffolgenden Jahrhunderten zu jener geistigen Blockade, die sich gegen die europäische Aufklärung und ihren Gang in die wissenschaftlich-technologische Rationalität wandte. Die Rückbesinnung auf die philosophische Antike war einer der entscheidenden Katalysatoren in der Genese der europäischen Neuzeit. Der islamischen Welt aber fehlt dies: Ihr Verhältnis zur Antike ist ein äußerliches, das nicht in die Konstitution des religiösen Bewußtseins selbst eingeht wie in der christlichen Dogmatik. Was vor ihr war, ist der alte »Götzendienst«. Er stellt kein mögliches Element einer neuen Identitätsbildung dar, das durch Rückbesinnung aktiviert werden könnte. Anders als im Christentum wird die philosophische Durcharbeitung der religiösen Offenbarung im Islam nicht zu einem integralen Bestandteil der religiösen Lehre (Dogma), auch weil es eine solche jenseits der Koran-Offenbarung als allgemeinverbindliche Lehre überhaupt nicht gibt und auch nicht als Kanon der »Rechtgläubigkeit« institutionalisiert werden kann. Es bleiben marginale Partikularismen, die nicht geschichtsmächtig die allgemeine Praxis muslimischer Gemeinschaften bestimmen. Vermittelt über die europäische Kolonialpolitik und ihren Imperialismus mußte die kollektive Identität des Islam sich im Bewußt-

5 Annemarie Schimmel, *Mystische Dimensionen des Islam* (Köln 1985). Die religiöse Mystik bleibt als reine Praxis ohne jede eigene Dimension religiös sich vertiefender Verständnisbildung, greift also sowenig wie die Rezeption griechischer Philosophie in die allgemeine religiöse Bildung und geistige Lehre ein – diese bleibt der Partikularität der Koranauslegungen überantwortet (institutionelles dogmatisches Defizit).

sein ihrer machtpolitischen Schwäche immer mehr radikalisieren und in die ausschließliche Gegenhaltung zur westlichen Zivilisation und ihrem säkularen Selbstverständnis bringen. Aber in anderen, polytheistisch fundierten Kulturen (wie in Indien oder im Fernen Osten) war dies nicht der Fall – der kulturelle Antagonismus des Islam bleibt durchwegs monotheistisch fundiert. Von den tradierten Monotheismen blieb im Prozeß der Moderne einzig und allein der Islam, vorerst rein geographisch bedingt, vor den Toren der Aufklärung stehen, und verhielt sich auch dann, als er mit ihr in nähere Berührung kam, als die Weigerung, Glauben und Offenbarungswahrheit durch das Erkennen neu zu klären. Damit hat sich das religiöse Paradigma menschlicher Vergemeinschaftung in Christentum und Islam in entgegengesetzter Richtung entwickelt: Während es sich im Westen über den Prozeß der Aufklärung auflöste, verdichtete es sich in der muslimischen Welt zur Identität gegen die »Aufklärung« – den »Nihilismus« des Westens.

Das moderne »aufgeklärte« (religionsprivative) Subjekt tut gut daran, sich die interkulturelle Wahrnehmung auch einmal von der Gegenseite her vorzuführen. Der Blick des religiös beseelten Islam auf die westliche Zivilisation kann nur einer der Verachtung sein: Was er im Lichte eines intensiven Gottesbewußtseins am aufgeklärten, westlichen Subjekt sichtet, ist ein aus der Abkehr seines einst göttlichen Offenbarungsbewußtseins degeneriertes Menschentum, das sich ganz im physischen Kreislauf seiner Reproduktion (Ernährung, Sexualität) absorbiert und außer dem dadurch erzeugten konsumatorischen Machtbewußtsein keinerlei Inhalt mehr hat: Es ist der reanimalisierte Mensch, der alle Selbstbezeugung des Gottes im Ethos des Menschen aufhebt und deshalb als Schande des Menschseins und des sich in ihm darstellenden Gottes nur Verachtung verdient. Dem vertikal verankerten Gottesbewußtsein ist gänzlich verabscheuungswürdig, wie man überhaupt Mensch sein kann, ohne das alles-erweckende, alles-belebende, alles-offenbarende Wesen des einen Gottes anzuerkennen und sich ihm, seiner heilserfüllenden Allmacht, anzuvertrauen. Der islamischen Welt erscheint die moderne aufgeklärte Gesellschaft als Preisgabe und Verrat wahren Menschseins, in den sie nun ihrerseits um keinen Preis hineingezogen werden will. Nicht zuletzt durch seine totalitären Katastrophen wird das »aufgeklärte« Europa zur Abwerbung seiner selbst. Dem Islam gilt die lichtmetaphysisch verbrämte Heilswahrheit der »Aufklärung« dann nur noch als Zeugnis menschheitsgeschichtlicher Verwahrlosung, die sich hinter dem Etikett des »Liberalen«, einem falschen, weil letztlich tierischen Freiheitsbegriff, versteckt – und nicht mehr als ihre ökonomische, technologische und militärische Macht hinter sich hat, aber kein Ethos des Menschseins. Der Westen spürt das – und verdrängt, was darin als Wahrheit liegen könnte, als Sache von verblendeten Fanatikern, die eigentlich auch keine »Religion« haben, so wie er sich das unter Bedingungen religiös neutralisierten Daseins vorstellt.

Daher der »Zusammenprall der Kulturen«: Er gilt zweiseitig und beinhaltet inkompatible Entwürfe menschlichen In-der-Welt-seins, seiner zu verwirklichenden Wesensfreiheit. Welchen Weg die islamische Welt auch als ihre geschichtliche Zukunft einschlagen mag – es dürfte nicht der Weg der westlichen Aufklärung, das heißt der Preisgabe monotheistischer Theologie und ihrer Gesetzesmoral, sein.[6] Die Inkompatibilität ist eine metaphysische: Der bedingungslosen Unterwerfung unter die archaische Offenbarungstheologie eines »Propheten« und seine »Gesetze« (*scharia*) steht der neuzeitliche Paradigmenwechsel von einer religiös fundierten zu einer durch die Autonomie des Erkennens geleiteten Welt entgegen.

5. Interkulturelle Inkompatibilität

Die Inkompatibilität des Islam mit der westlichen Moderne liegt in der Negation der freien und selbständigen Subjektivität: dem Freiheitsbewußtsein neuzeitlichen Menschseins, wie es aus der christlichen Gewissensbildung hervorging und mit dem Verbindlichkeitsschwund der religiösen Einheit der Gemeinschaft zur Grundlage moderner

6 Vgl. von muslimischer Seite die zahlreichen Arbeiten von Bassam Tibi (z.B. *Die islamische Herausforderung*, Darmstadt 2007; zuletzt: »Ich kapituliere«, *Cicero* 6/2016), Boualem Sansal und Abdel-Hakim Ourghi (*Cicero* 7/2016) sowie Hamed Abdel-Samad (*Mohamed. Eine Abrechnung*, München 2015). Zur Aufklärungsresistenz des Islam siehe Buchta, *Die Strenggläubigen*, S. 74 ff., S. 159 ff.

Gesellschaften wurde. Dem modernen Menschen erscheint der Islam deshalb wie ein Gespenst der Vergangenheit, wie ein Déjà-vu, das in geradezu unendlich verdichteter und übersteigerter Form wieder aufleben läßt, wovon er sich im schmerzhaften Geschichtsprozeß der Neuzeit befreit hat: dem absolutistischen Wahrheitsmonopol des christlichen Monotheismus. In den Ideologien von Sozialismus und Faschismus fand es sein totalitäres Nachspiel. Denn die totalitären Systeme des 20. Jahrhunderts waren allesamt pseudoreligiöse Aufstände gegen die aus dem Religionsverlust resultierende Liberalität einer maßlosen Beliebigkeitskultur, die sich nur noch im Erwerb von Kapital und Macht zentrierte und dadurch die Verwahrlosung aller sozialen Verhältnisse betrieb. Ihre Diktaturen waren als kollektive Heilsideologien religionssubstitutiv. Das unterscheidet sie typologisch von rein egozentrischen Clandiktaturen, die über keinerlei geschichtlichen, politischen und gemeinschaftsbildenden Entwurfshorizont verfügen.

Am Islam begegnet das moderne Subjekt deshalb in mehrfacher Weise seiner eigenen Vergangenheit, in die es um keinen Preis mehr zurück möchte – zu tief sitzen die Wunden, die seine Überwindung kosteten. Die europäische Welt ist schon lange keine christliche mehr, sondern eine religionsprivative, die das Christentum als ein überwundenes Moment seiner Bildungsgeschichte enthält und es in die moderne Welt wissenschaftlich-technologischer Rationalität auflöst. Als religionsprivative bleibt sie zwar aufgrund des Defizits maßgeblicher Orientierung ideologisch anfällig, verhält sich aber aus ihren Geschichtserfahrungen heraus auch allergisch gegen absolute Unterwerfungen: Das moderne Subjekt hat sein Freiheitsbewußtsein nun an einem »Polytheismus der Werte«, der eingebunden in das rechtsstaatliche Vergemeinschaftungsprinzip der Gleichheit aller Menschen alles Heil, das über das ökonomische Auskommen hinausgeht, der individuellen Selbstbestimmung überläßt. Dazu gehört dann auch ein religiöses Allerlei von Lebensorientierungen. Von dem religiös ererbten Kollektivheil bleibt nach dem Zusammenbruch der totalitären Systeme nicht mehr als die Basis: die Gewährleistung wirtschaftlicher Subsistenz als Bedingung der Möglichkeit individueller Selbstbestimmung von sich zu Glück und Heil vollendenden Menschseins – wie sehr das auch immer scheitern mag.

Geschichtlich gewachsene kulturelle Differenzen von Menschheiten sind weltgeschichtlicher Alltag und lassen sich weder moralisch noch geschichtsmetaphysisch zu einer fortschreitenden »Höherentwicklung« verrechnen. Unter Bedingungen territorialer Eigenständigkeit bleiben sie auch weitgehend konfliktfrei. Zur Kollision kommt es erst dort, wo die kulturgeschichtliche Homogenität von Gemeinschaften durch Migration aufgehoben wird und sich in Parallelgesellschaften niederschlägt, deren Unvereinbarkeit sich in binnenstaatliche Unverhältnisse und Gewalt entlädt. Das ließe sich nur dann als »Bürgerkrieg« bezeichnen, wenn auch alle »Bürger«, das heißt Elemente einer bildungsgeschichtlichen Einheit, wären. Dies ist aufgrund der Immigration aus anderen, noch schärfer: aus entgegengesetzten Kulturen nicht der Fall, und zwar beidseitig. Inkompatibel aber ist die europäische Erkenntniskultur mit der bedingungslosen Unterwerfung unter religiöse Offenbarung; und es ist dieser neuzeitliche Paradigmenwechsel, der das menschliche Weltverhältnis (nach den antiken Ansätzen) wieder ganz dem Erkennen und seiner sachlichen Leistung unterstellt. Allein dies bildet die Grundlage der europäischen Kultur und nicht zuletzt ihrer Attraktivität für Migranten, auch wenn diese sich rein auf deren ökonomische Seite bezieht. Es ist kein Zufall, wenn die muslimische Welt zwar an der modernen Technologie und ihrer Ökonomie partizipiert, aber die sie fundierende wissenschaftlich-erkennende Welthaltung gerade nicht übernimmt, sondern vehement zurückweist; es deshalb auch kein einziges muslimisches Land gibt, das durch moderne Erkenntniskultur und technologische Produktivität in Erscheinung getreten wäre. Anders als Indien und Ostasien ist keines der muslimischen Länder auch nur entfernt selbst Produktionsort wissenschaftlicher und technologischer Innovation, sondern bleibt einem antimodernen religiösen Paradigma verhaftet, das auch alle gesellschaftlichen Veränderungen blockiert. Geburtenreichtum und sozioökonomische Rückständigkeit erzeugen jene allgemeine Verelendung, die zur Massenemigration in westliche Länder führt. Anders als die griechisch-römische, aber auch indische und chinesische Kultur hat das politische Denken im Islam keinen eigenen Staatsbegriff ausgebildet, der sich zwischen die familiäre Clangesellschaft und die religiöse Autorität einschieben, damit aber eine eigene Reflexionsebene des Rechtsstaates als von allen Verwandtschaftsverhältnissen abgesonderte objektive Rechtsinstitution der Gemeinschaft begründen könnte: Das eine geht unmittelbar über ins andere und begründet die politische Verfassung islamischer Länder in autokratischen Clandiktaturen mit binnenmuslimisch variablen Traditionszugehörigkeiten. »Rechtsstaat« bleibt eine bewußtseinsmäßig nicht besetzte Leerstelle. Die politische Verfassung reproduziert in sich die religiöse; hier wie dort wird das Leben von autoritären Unterwerfungsverhältnissen durchstrukturiert. Nirgends in der muslimischen Welt begegnen funktionierende »moderne Staaten« – es sind durchgängig autokratische Regierungen der »starken Hand«, die auf der religiösen Gemeinschaftsbildung im Zeichen autoritärer Offenbarungshörigkeit und ihrer Unterwerfungslogik basieren. Daran ändern auch die durch die westlichen Kolonialmächte implementierten staatlichen Verfassungen nichts. Man wird als Muslim geboren und stirbt als Muslim: Es ist ein kraft der Abstammung fundiertes Gemeinschaftsschicksal. Was fehlt, ist das freie Verhältnis, kraft eigener Überzeugung in eine bestimmte Verständniswelt und ihre Lebensführung ein- und aus ihr auch wieder austreten zu können. Unter den geschichtlichen Bedingungen europäischer Religionsfreiheit müßten Muslime über freie institutionalisierte Verfahren verfügen, ihre religiöse Zugehörigkeit selbst zu bestimmen oder aufzuheben. Denn die moderne Religionsfreiheit impliziert geschichtlich gewachsene Bildungsstrukturen, die sich in Gewissen und Einsicht des Einzelnen verankern und sein autonomes Erkennen als maßgebliche Instanz seiner Lebensführung anerkennen. So bleiben Technologisierung und Konsumverhalten islamischer Länder zivilisatorischer Oberflächenlack, deren geistige Grundlagen nicht in die kulturelle Identität eines sich verändernden Weltverhältnisses vordringen. Die religiöse Grundlage bleibt von allen autonomen Bildungsstrukturen des Erkennens unberührt und implantiert sich durch Migration auch dort, wo ihre Revolution die Grundlage modernen Weltverhältnisses konstituierte. Damit wird die Bevölkerung moderner Demokratien durch inkompatible Entwürfe des Menschseins in Gegensätze gespalten, die auch lebensweltlich unvereinbar aufeinanderprallen. So fragt sich: Was für Menschen importieren wir – und was bedeutet das für die gesellschaftliche und kulturelle Entwicklung Europas? Und was heißt es für die Muslime, in einen Kulturbereich zu immigrieren, den sie aus ihrer eigenen kulturgeschichtlichen Bildung heraus zutiefst ablehnen?

Unter den territorialen Bedingungen europäischer Kultur ist der Islam eine reine Importreligion, das heißt eine, die weder aus der religiösen Welterfahrung ihrer Völker hervorging noch durch massenweise Bekehrung zu ihrem Daseinsverständnis wurde, sondern, durch den externen Zuzug von Menschen muslimischen Glaubens eingeführt, wesentlich eine Migrantenreligion bleibt, die sich ganz auf diese bestimmte Bevölkerungsgruppe und ihre Nachkommen begrenzt – und sich im liberalen, religionsprivativen bzw. nihilistischen Umfeld dieser anderen selbst ausgrenzt. Dabei ist vorerst ganz gleichgültig, ob diese Migration sich kolonialem Rückfluß verdankt oder rein wirtschaftlichen Gründen (»Gastarbeiter«). Die islamische Immigration verweigert ihre Akkulturation an das territoriale Hausrecht der aufnehmenden Kulturen, und zwar unter Berufung auf die theologische Gesetzesreligion, die ihren Absolutheitsanspruch unter den ganz konträren Bedingungen europäischer »Religionsfreiheit« geltend macht. Denn diese war in den frühneuzeitlichen Religionskriegen als rein »binnenchristliche« (mit Einschluß des Judentums) konzipiert und versteht Religion als inneres geistiges, in der Gewissensfreiheit des Einzelnen verankertes Verhältnis, dessen äußere, rituelle und kultische Manifestation der allgemeinen rechtsstaatlichen Gesetzgebung untersteht, also die Einheit des sittlichen Gemeinschaftssubjekts weiterhin voraussetzt. Diese Einheit aber wird durch die migratorische Implantierung eines ganz anderen Verständnisses von Religion aufgespalten; die Rede von Religionsfreiheit äquivok gegen ihren ursprünglichen Sinn verkehrt und zur Begründung der Akkulturationsverweigerung mißbraucht.[7] Sie findet ihren unmittelbaren Ausdruck in der Lebenswelt disparater Gesellschaften, dem bloßen Nebeneinander von Unvereinbaren, die keine kulturgeschichtliche Einheit mehr konstituiert, sondern eine Situation latenter

7 Die überwiegende Mehrzahl muslimischer Immigranten stellt das religiöse Gesetz des Korans (*scharia*) über die europäische Gesetzgebung – was man auch schon vor jener Untersuchung der Universität Münster aus dem Jahre 2016 wußte. Ebendies füllt das Vakuum der rechtsstaatlich nicht besetzten Leerstelle muslimischen Bewußtseins.

Gewalt und aufgeschobenen Kampfes, auch wenn sie unter dem Etikett religiöser Narrenfreiheit die Indifferenz und Gleichgültigkeit von Parallelgesellschaften für Harmonie und Friedfertigkeit auszugeben versucht. »Religionsfreiheit« impliziert die Pflicht, ihre geschichtlichen und begrifflichen Bedingungen anzuerkennen: die Transzendenz und Neutralität der staatlichen Rechtsordnung gegenüber allen religiösen Partikularitäten, ihre Freiheit *von* der Religion. Damit sind alle äußeren Verhältnisse der religionsneutralen, rechtsstaatlichen Gesetzgebung und dem allgemeinen sittlichen Empfinden zu unterwerfen, die religiöse Gewissensbildung aber der autonomen Selbstbesinnung freizugeben, um ihren Gehalt unter den Maßgaben der Aufklärung neu durchzuklären. Was nichts mit »Zwangsatheismus« zu tun hat, sondern mit der Überantwortung religiöser Traditionen an das Erkennen, die auch eine neue, geistig vertiefte Religiosität freisetzen mag. Die »Religionsfreiheit«, die Europa meint – und die es sich gerade als Freiheit *von* der Religion erkämpft hat –, ist eine ganz andere als jene, welche die islamische Immigration für sich als Recht der Selbstausgrenzung und Akkulturationsverweigerung in Anspruch nimmt, auch demonstrativ zur Schau trägt und zur religiösen Unterwanderung westlicher Demokratien mißbraucht. Wenig erstaunlich ist deshalb, wenn, wie zahlreiche Umfragen belegen, die überwiegende Mehrheit der EU-Bürger den Islam für inkompatibel mit der geschichtlichen Identität des modernen Europas hält. Ob nun Fabriken, Büros, Schulen und Universitäten Gebetsräume zum täglich fünfmaligen Niederwerfen zur Verfügung stellen oder in ihren Kantinen kein Schweinefleisch mehr anbieten sollen, Friedhöfe mit Ausrichtung nach Mekka angelegt werden oder Kopftuch und Ganzkörperverschleierung den öffentlichen Gesichtsraum verfremden, muslimische Männer Frauen den Handschlag, nicht aber den sexuellen Übergriff verweigern – sind sie doch anders als »Muslimas« rechtloses Freiwild (*putas*), die nicht unter den Schutz der *scharia* fallen, oder Kinderehen, Zwangsverheiratungen und Ehrenmorde zur sozialen Wirklichkeit werden –, überall tritt der religionsgeschichtliche Gegensatz auch in den öffentlichen Lebensverhältnissen als Störung des allgemeinen kulturgeschichtlichen Empfindens hervor und artikuliert schon jene Kampfansage, die dann in der Ermordung der Pariser Satyrn kulminiert. Sie ist sowenig wie das Massaker im Bataclan oder auf der Strandpromenade in Nizza ein bloßer Betriebsunfall einiger abseitiger »Islamisten«, sondern Resultat religionsgeschichtlicher Inkompatibilität, die sich rein migrationsbedingt in binnenstaatlichen Unverhältnissen und Gewalt entlädt.

II. REFLEXE: ZUR PATHOLOGIE MODERNEN BEWUSSTSEINS

1. »Islamophobie« – aber wo ist die Pathologie?

Zum Erschrecken über das Pariser Massaker gesellt sich ein zweites Erschrecken – das Erschrecken über die Rückgratlosigkeit der europäischen Reaktion, ihre kulturelle und geschichtliche Selbstverleugnung, die einem Verrat an allen elementaren Grundlagen neuzeitlicher Aufklärung gleichkommt. Wer bei den Solidaritätsbekundungen für *Charlie Hebdo* unaufhörlich beteuert, er habe keine Angst (»J'ai même pas peur!«), hat sicher Angst, sehr viel sogar. Die abwehrende Verneinung ist ein negatives Eingeständnis, das durch seine Abwehr noch gesteigert wird. Es offenbart seine Ambivalenz, daß man nicht nur Angst vor dem Islam habe, also ganz wörtlich »islamophob« sei, sondern auch Angst vor dem Vorwurf der »Islamophobie«, was unweigerlich dazu führt, als »xenophober Rassist« und rechtsradikaler Anhänger des Front National dämonisiert zu werden. Es ist billig und kostet nichts, »Je suis Charlie!« zu rufen. Es bleibt eine infantile und alberne Geste, sich mit einem Kosenamen zu schmücken, der eine sympathetische Identität mit Komikern wie Chaplin assoziiert. Eine ganz andere Demonstration europäischen Selbstbewußtseins wäre es gewesen, hätte man von Lissabon bis Moskau, von Athen bis Reykjavík, von Sizilien bis zum Nordkap den Mut gehabt, sich ein T-Shirt mit Mohammed-Karikatur überzustreifen, um der muslimischen Welt unsere Identität entgegenzuhalten und zu zeigen, wer wir sind, wofür wir stehen und wofür nicht. Doch Fehlanzeige. Man ist weich geworden – und hat seitdem auch keine Mohammed-Karikaturen mehr gesehen.

Das Reaktionsmuster ist symptomatisch. Rekapitulieren wir einige Stationen: Nach dem Aufruhr in der islamischen Welt, hervorgerufen durch die Veröffentlichung von Mohammed-Karikaturen in *Jyllands-Posten*, fand in Dänemark eine an rückgratloser Unterwürfigkeit und geschichtlicher Selbstverleugnung kaum zu überbietende Entschuldigungsdemonstration statt, um die Moslems in aller Welt gütlich, friedfertig und zahm zu stimmen. Verzicht auf die eigene Identität aber ist kein Frieden, sondern – Unterwerfung. *Jyllands-Posten* wollte nach dem Angriff auf *Charlie Hebdo* denn auch nicht deren Mohammed-Karikatur veröffentlichen. Man hatte zuviel Angst, Solidarität mit den Opfern zu bekunden, gestand der Chefredakteur. Salman Rushdie bestätigte: Er könne wohl heute [2015] nicht mehr mit dem Schutz und der Solidarität rechnen wie damals, als die Fatwa gegen ihn verhängt wurde, das religiös begründete Recht und damit die Pflicht, ihn wegen seiner *Satanischen Verse* [1988] zu ermorden. Und in dieser Zeit, Februar 2015, hatte selbst der Kölner Karneval die Hosen voll. Eine generelle Einschüchterung und Duckmäuserei haben sich seitdem allerorts breitgemacht: Die Gewalt hat gesiegt, und die Scharia-Polizei patrouilliert ungehindert in deutschen Städten. Gewalt beeindruckt – die Masse kuscht und die Maulhelden der »Zivilcourage« zerfallen wie Herbstlaub, um sich in Windeseile auf die so viel billigere Kritik der »Islamophobie« zu werfen und daran nun, auf der richtigen Seite und aller Gefahr um Leib und Leben enthoben, ihr moralisches Heldentum zu beweisen, das notfalls auch auf Schutz und Unterstützung von Salafisten rechnen kann. Die Bewältigung der eigenen Angst koppelt sich mit dem Verbalschema »toleranter Weltoffenheit«, die den Gegensatz zum islamischen »théofascisme« in die Verfolgung von Islamkritikern umkehrt: So wird der holländische Politiker und Soziologe Pim Fortuyn 2002 von einem liberalen und toleranten Gutmenschen auf offener Straße ermordet. Zwei Jahre später folgt dann die als »Ritualmord« eingestufte Abschlachtung des Filmregisseurs Theo van Gogh durch einen im »weltoffenen« Amsterdam aufgewachsenen Marokkaner. Er wird erschossen, die Kehle durchgeschnitten, ein Bekennerschreiben mit dem Messer in die Brust gerammt: Seine Mitarbeiterin an dem islamkritischen Film (*Submission – Part I*), Ayaan Hirsi Ali, selbst muslimischer Herkunft, überlebt unter Polizeischutz. Ungehört bleibt ihr Vorwurf an die EU, der Sachlage durch Wegschauen und Verdrängung erst den fruchtbaren Boden zu bereiten. Wo alle Islamkritik als »rechtspopulistisch« verfemt wird, mag die Ermordung ihrer Vertreter als legitimer Akt erscheinen, sich gegen die Bedrohung durch imaginierte Rassisten zur Wehr zu setzen, um das Gute liberaler Weltoffenheit zu retten. Es gehört nun auch zu den denkwürdigsten Perversionen der medialen Öffentlichkeit, daß der islamistischen Gewalt nach dem Massaker von Paris nicht ein Bruchteil der gesellschaftskritischen Aufmerksamkeit zugewendet wurde wie den Anti-Islam-Kundgebungen (Pegida); und nicht jene, sondern diese flächendeckend dämonisiert und als Teufel an die Wand gemalt wurden. Statt gegen islamischen Terror zu protestieren, wirft man sich wie ein Lynchmob auf all die, die das tun, um sie in die Nazi-Kiste zu stecken. Als hätten »Islamophobe« das Massaker von Paris begangen – und würden nebenbei dann auch noch einen Eritreer im Dresdner Flüchtlingsheim abstechen, wie es medial schon vorab unterstellt wurde, sich aber dann als irrig erwies. Verkehrung über Verkehrung. Woher?

Im massenpsychologischen Untergrund des Zeitgeistes wirkt ein moralideologischer Druck, der unter dem Banner der »Islamophobie« alle negative Realitätswahrnehmung zu subjektiven Verwerflichkeiten erklärt: Nicht die Realität, sondern ihre negative Wahrnehmung ist das Übel – und läßt auf eine böse (Nazi-)Seele schließen. Befremdlich: »Islamophob« seien die, die vor der weltweiten islamischen Gewalt erschrecken, vor theokratischer Religionstyrannei und ihrer militanten Intoleranz; »islamophob«, wer sich in seinem ethischen Selbstverständnis angegriffen fühlt durch Polygamie, Zwangsverheiratung und Jungfrauenwahn, Ehrenmord und schwarzverschleierte Scharia-Frauen.[8]

8 Vgl. *Der Jungfrauenwahn*, ein Dokumentarfilm von Güner Yasemin Balcı (D 2015). Man mag einwenden, dies oder jenes stehe nicht explizit im Koran – es gehört aber zur Mentalität spezifisch muslimischer Gesellschaften, die durch den Islam geduldet und nicht zur Sache einer religiösen (Um-)Bildung wird. Bis in die Moderne hinein gehört dazu auch die Sklaverei. Lehrreich dazu: Egon Flaig, *Weltgeschichte der Sklaverei* (München 2011).

Bösartig sei, wer blinde Unterwerfung religiöser Autoritätshörigkeit für inkompatibel mit den Grundlagen der Moderne halte; aber da der Mensch an sich nicht böse, sondern gut sei, müsse er wohl krank sein, geistig verwirrt und unzurechnungsfähig, also therapiert werden. Der »Islamophobe« gehört ins Irrenhaus, in die Psychiatrie. Wie alle »Phobien« sei es ein pathologischer Zustand, eine Art Psychose, die eine phantasmagorisch zerrüttete Seele mit wilden Panikattacken überfalle. Waren demnach auch die Aufklärungsphilosophen unserer vergangenen Jahrhunderte böse und krank (katholo- oder christianophob)?

Mit der Worterfindung »Islamophobie« wird nicht nur die handgreifliche geschichtliche Realität verleugnet, sondern auch die kulturgeschichtliche Identität neuzeitlicher Aufklärung pathologisiert und als moralische Verwerflichkeit gebrandmarkt. In den fünfziger und sechziger Jahren des letzten Jahrhunderts waren es noch namhafte Marxisten, die angesichts der kolonial bedingten Einwanderung von Muslimen nach Frankreich vor der Gefahr der Islamisierung Europas gewarnt hatten. Aber die für die Aufklärung konstitutive religionskritische Haltung wird nun umgekehrt in die »rechte Ecke« (die »Nazi-Ecke«) gestellt, »links« zum pseudoreligiösen Begriff der Solidarität mit allen Opfern der Weltgeschichte, die unter den Vorgaben kolonialer Schuldkomplexe die Moslems als »neues Proletariat« entdeckt, deren Interessen universalmoralistisch gegen den neoliberalen Wirtschaftsimperialismus des Westens durchzufechten seien. Damit wird auch das Verhältnis zum Islam in die relativistische Apologetik weltanschaulicher Beliebigkeiten hineingetrieben und auf den migratorischen Status ihrer Subjekte abgelenkt, die nun als ausgegrenzte »Opfer« der antidiskriminatorischen Fürsorge universalistischer Humanität und Toleranz anheimfallen. Als »Opfer« feindlicher Ausgrenzungen seien die Muslime – meist bekennende (politische) Antisemiten – nun selbst die »neuen Juden«. »Islamophobie« wird mit »Antisemitismus« gleichgeschaltet zu einem Höchstmaß des verwerflichen Bösen (*summum malum*) gesteigert. So werden Muslime gleich Juden einem Universalschutz gegen jeden Anhauch von Kritik ins Reservat ethisch-politischer Immunität, ihrer Unangreifbarkeit und Unverletzlichkeit gestellt – eine anthropologische Ausnahmestellung. An die Stelle der religionskritischen Aufklärung tritt eine folkloristische Gleichschaltung kultureller Unterhaltungswerte, die als lebensweltlich erregende »Buntheit« gefeiert werden, um der eigenen Leere zu entkommen. Ist es die »Buntheit« schwarzverschleierter Scharia-Frauen, die »Toleranz« von Zwangsverheiratungen und Ehrenmorden oder die »Liberalität« theokratischer Tyrannis, für die man nun demonstrierend auf die Straße zieht?

Wo offenkundige Realitäten für psychische *phantasmata* erklärt werden und die unterstellte bösartige Pathologie der »Islamophobie« schnurstracks mit »Rassismus« und »Ausländerhaß« identifiziert wird, obgleich »Islam« weder eine »Rasse« noch ein »Ausland« bezeichnet, sind affektive Kräfte am Werk, die jeden Versuch objektiver Sachlichkeit unterlaufen – eine dysfunktionale Störung sachgemäßen Differenzierens und Identifizierens, die nun ihrerseits zur Gegenfrage veranlaßt, ob dem nicht selbst psychopathologische Störungen zugrunde liegen, die den intellektuellen Apparat durcheinanderbringen. Ist das neuere Suffix »-phobie« nicht die Moralsprache einer pathologischen Therapiegesellschaft, die alle Unterscheidungen von wahr und falsch durch die von gut und böse, gesund und krank ersetzt, um den Andersdenkenden zum entmündigten Gegenstand der Therapie und Pädagogik (Umerziehung) zu infantilisieren? Entspringt die Tabuisierung von Islamkritik, ihre panische Abwehr als »Phobie«, nicht vielleicht selbst einer Phobie: verdrängten irrationalen Ängsten, die im Grunde der modernen Seele nach immer hysterischeren Entladungsmöglichkeiten suchen? Oder ist es einfach nur die schiere Angst vor islamistischer Gewalt, also nun im wörtlichen Sinne »Islamophobie«, vor der man sich durch vergegenständlichende Entäußerung zu befreien und in die Sicherheit eines »Gutmenschentums« zu bringen sucht?

Wenn der Islam dem modernen Bewußtsein als zu überwindende »Antimoderne« begegnet, dann wäre eine virulente Abwehrreaktion doch gerade massenpsychologisch zu erwarten, wo es auf eigenem Territorium auch um das eigene geschichtliche Dasein geht. Warum ist das nicht der Fall – und verkehrt sich zur Selbstpreisgabe, die sich als schuldhafte Ausgrenzung des anderen bezichtigt? Weshalb wird der kulturelle Antagonismus nicht anerkannt, angenommen und ausgetragen, sondern weggelogen, verleugnet und abgeschoben? Woher die

Ohnmacht moderner Erkenntniskultur in der intellektuellen Auseinandersetzung mit geschichtlichen Gegensätzen – woher die Erosion ihrer politischen Vernunft?

2. Zur Psychodramatik modernen Bewußtseins

An den Reaktionsweisen und Reflexen auf den kulturellen Gegensatz zum Islam offenbart sich als die innerste Verfassung modernen Bewußtseins, daß es, seiner eigenen kulturgeschichtlichen Konstitution entfremdet, alle Selbstachtung verloren hat und als die Wehrlosigkeit eines gebrochenen Rückgrats existiert, das für nichts mehr steht. Eine durch weltanschauliche Ideologisierung der Lebenswelt kollektiv aufgeweichte, pseudoreligiöse Befindlichkeit wird als therapeutische Schwundstufe christlicher Mitleidspathetik zum allgemeinen Gefühlskult, der sich nach jedem Anschlag in dieselben automatisierten Fertigformeln aus dem Sprechautomaten ergießt und gebetsmühlenartig beteuert, sich nicht zum Haß verführen zu lassen und alles in universeller Liebe aufzulösen. Der Flutung des öffentlichen Raums mit allen weichen Gefühlen, mit Trauer, Mitleid, Verunsicherung, Angst, fehlen die starken, kathartisch reinigenden Abwehraffekte, die wie Wut, Zorn, Haß und Verachtung zur Selbstachtung des Menschen gehören, wo sie in ihren Grundlagen verletzt wird. Stattdessen kollektive Betulichkeitskundgaben: Händchenhalten, Kerzenanzünden, Beten und Singen: »Den Terroristen mit Liebe begegnen« (Margot Käßmann). Aber wir möchten ihr diese Begegnung nicht zumuten. Ein Flüchtling sei am Berliner LAGeSo gestorben! Tränen fließen, Kerzen werden aufgestellt – bis sich herausstellt: das war gelogen! Woher diese Hysterisierung der allgemeinen Befindlichkeit? Selbstanimation ausgebrannter Seelen, die sich parasitär in die Not anderer einfühlen, um aus ihr das Blut eigener Lebensgefühle zu saugen? Das seines geschichtlichen Selbstbewußtseins entleerte Gefühlssubjekt löst sich auf in religiös heuchelnde Empathie; als gegensatzloses und rein parasitäres Nacherleben alles anderen, »wirklichen« Lebens fehlt ihm das eigene Selbst, um sich überhaupt noch mit Andersheit auseinandersetzen zu können. Ein kollektives

Befindlichkeitsgeschehen, das alle Gegensätze und Grenzen auflöst, verkehrt die eigene Bildungsgeschichte zu einer schuldbesetzten bösartigen Krankheit, die als politischer Totalitarismus, Kolonialismus und Imperialismus, Antisemitismus und Rassismus ihr Unwesen trieb und nun als »Phobie« allem kulturellen Anderssein begegnet – gewissermaßen als zur psychotischen Neurose abgewandeltes Erb- und Versatzstück einstiger Herrschafts- und Überlegenheitsmanie.

Das Bewußtsein, das sich in solchen Verkehrungen herumtreibt, arbeitet unter dem psychischen Druck seiner geschichtlichen Aporetik. Unter der phantasmagorischen Wucht einer affektiv inszenierten Gedächtnispolitik, die die geschichtliche Genese eigenen In-der-Welt-seins negativ besetzt und zur Verwerflichkeit erklärt, erzeugt sich die Grundbefindlichkeit modernen Bewußtseins als das negative Selbstverhältnis eines Selbstzerwürfnisses, das zur Aktualität gegenwärtiger Wirklichkeit nur ein anachronistisches Verhältnis eingehen kann, unfähig, mit deren eigenen Problempotentialen noch sachgemäß umzugehen. Was sich als »Vergangenheitsbewältigung« moralisch inszeniert, wird politisch zur Gegenwartssabotage. Diesseits von Individual- und Massenpsychologie und als ihre Grundlage läßt sich ein psychodramatisches Geschehen im kollektiven Allgemeinbewußtsein ausmachen, aus dem sich seine Reflexe auf die muslimische Gewalt herleiten: An der Absolutheitszentrierung des Islam erscheint dem modernen Bewußtsein zwar das Gespenst seiner eigenen traumatischen Geschichtserfahrungen, vom ehemals christlichen Heilsdogma bis hin in dessen moderne Substitute des säkularen Totalitarismus (Sozialismus, Faschismus). Aber daran wird das affektgeladene Trauma nur erinnert, es wird aufgeweckt, aktiviert – und überfällt nun das Subjekt mit der panischen Angst, das gewesene Böse noch als Zukunft in sich zu tragen. Das flächendeckend ankonditionierte und einsuggerierte Schuldbewußtsein entlädt sich und überschwemmt die sachliche Unterscheidungskraft mit Haltlosigkeiten, die alle Maßstäbe auflösen. Darin bleibt der totale Ausschließlichkeitsanspruch des Islam eine bloß veranlassende Erscheinung, ein Phantasma, das aufleuchtend ebenso schnell wieder verschwindet – im Schutzraum der kulturellen Andersheit, die mit Rassismus assoziiert gegen alle kritische Negation immunisiert wird. Sie wird *nicht* zum Objekt einer antitotalitären Abwehrreaktion. Die Aktivierung der verdichteten Synthese totalitären Schuldbewußtseins qua Nazi-, Kolonialismus- oder Imperialismuskomplex etc. im Subjekt (dem modernen Bewußtsein) und die Immunisierung des Objekts (des Islam) sind nur ein und dasselbe psychologische Geschehen. Es entspringt nicht einem logischen Fehler, sondern einer affektiven Psychose, einer Phobie, die ins Objekt projiziert und darin abhorresziert wird. Im Schatten psychischer Obsession überträgt sich die affektive Psychose (»Nazikomplex«) des Subjekts auf beliebige andere gesellschaftliche Objekte, ihre Unterscheidungen, Ab- und Ausgrenzungen. Der »Nazikomplex« als gegenüber seiner historischen Fundierung gänzlich verselbständigte, rein psychische Realität synthetisiert nun alle Verwerflichkeiten, die das moderne Bewußtsein sich selbst, seiner geschichtlichen Identitätsbildung zuschreibt, und unter seinem traumatischen Affektdruck koagulieren nun alle noch so verschiedenen Sachverhalte zu einer Bedeutungsmasse, die als reine Affektwirklichkeit ihre eigene Gegenständlichkeit erzeugt und das Bewußtsein ins Vermeinen objektiver Realitäten bannt. Deshalb bedienen sich die sprachlichen Bedeutungsschematismen auch nicht Sachbegriffen intellektueller Gegnerschaft und Opposition, sondern reinen Affektbegriffen, die wie »Feindlichkeit«, »Haß«, »Hetze«, »Phobie« etc. schon einen geheimen Vernichtungswillen unterstellen, eine nur zurückgehaltene Gewaltbereitschaft zur Vernichtung alles anderen. Unter diesen Vorzeichen ist es nun die islamkritische Einstellung, die zur mentalen Pathologie einer »Islamophobie« umdeklariert und als Vorzeichen einer affektiven Vernichtungsorgie mit dem nationalsozialistischen Antisemitismus gleichgeschaltet wird: Die im Trauma phantasmagorisch gebannte Auschwitz-Schuld wird in Islamophobie-Anklage umgewandelt und abgeführt, um sich von ihr zu entlasten und als Inhaber des Guten qua Anklägers des Bösen zu rehabilitieren – ein symbolischer Prozeß posttraumatischer Entnazifizierung.

Es ist der Schrecken vor sich selbst, vor einer imaginären Kollektivschuld, veräußert an gesellschaftliche Instanzen, denen die eigene Negativität unterstellt wird. Das Negative, das man als traumatische Verletzung selbst in der Brust trägt, entäußert sich an phantasmagorische Erscheinungsbilder des dämonisierten Übels, das nun überall gewittert wird.

Daher die hysteroide Überreiztheit, die selbst noch den entferntesten Erinnerungszeichen entgegengetragen wird, die als Auslösemechanismen des Nazikomplexes fungieren können. Die Entlastung vollzieht sich dann als binnengesellschaftliche Verteilung eines immer schußbereiten Verdächtigens und Anklagens, das die gesellschaftliche Atmosphäre mit Gehässigkeit und Niedertracht überzieht. Die zwangsneurotische Überreiztheit schuldaffizierten Moralbewußtseins entlädt sich in gesellschaftlichen Diffamierungen und Selbstbezichtigungsriten – sie wird abreagiert. Die hysterisch alarmierte Witterung spürt: Er ist überall, der Nazi! Nur nicht dort, wo die eigene kulturgeschichtliche Identität infrage gestellt wird – den »Allahu akbar!«-Rufen, die der Rede von »Bevölkerungsexplosion« eine ungeahnt neue Note geben. Im Unverhältnismäßigen zur Sache liegt der hysterische Zug öffentlicher Diskurse, die sich aus der phantasmagorischen Selbstanimation generieren und ihre Erregungsquanten für die Wirklichkeit der Sache selbst halten.

Anders läßt sich nicht mehr erklären, warum man lieber zu den Waffen als zu den eigenen Überzeugungen greift, lieber Truppen nach Afghanistan, Irak, Mali oder Syrien schickt, als die kulturgeschichtlichen Gegensätze auch auf der Ebene auszutragen, wo sie hingehören: die intellektuelle Ebene geistiger, ethischer und politischer Überzeugungen; und sich mit beispielloser Drückebergerei und Feigheit in geschichtlichen Selbstverleugnungen ergeht, die weit mehr als nur mangelnde Zivilcourage, nämlich mentale Degenereszenz bezeugen.

3. Verdrängungskultur

Damit degeneriert die sachliche Widerspruchskultur zu einem allgemeinen Diffamierungskult und vergiftet die Atmosphäre öffentlichen Lebens und seiner gesellschaftspolitischen Auseinandersetzungen. Es ist das Ende der lebendigen Diskursivität demokratischer Öffentlichkeit, wo jeder Widerspruch in die Psychiatrie oder die Nazi-Ecke eingewiesen wird. Kein Wunder, daß die Gesellschaft mit ihren Medien zerfällt, wo sie nur noch pathologisch diffamiert wird. Damit wird die muslimische Gewalt aus dem Feld politischer Auseinandersetzung verbannt und zu einer Sache polit-medialer Volkserziehung und Therapie der eigenen Bevölkerung umgekehrt. Die Ohnmacht des Rechtsstaates im Umgang mit migratorischer Gewalt kehrt sich um in die moral-ideologische Verfolgung derer, die sie namhaft machen: Sie werden mit Anklagen wegen »Volksverhetzung« bedroht. Was auf der Ebene eines allgemeinen Empathiekults sein Unwesen treibt, übersetzt sich in die intellektuelle Sphäre leerer Allgemeinheiten, die vor lauter Menschenrechten, Antidiskriminierungs- und Humanitätsgeboten alle kulturgeschichtlichen Eigenheiten auflöst und der auch justiziablen Verantwortung entzieht. Der Rechtsstaat wird zum Spielball einer den Realitäten entfremdeten Justiz, die ihre eigenen kulturgeschichtlichen Existenzbedingungen aushöhlt.[9] Ein universalistisch gezüchteter Antidiskriminierungsaffekt wirkt als differenzloses Gleichschaltungsideologem, das alle kulturgeschichtlich spezifischen Bildungsfaktoren ausblendet. Was für die Kriminalistik sachlich aufschlußreich und erkenntnisfördernd ist, verfällt dem moralischen Verdikt universalen Gleichheitszwanges. Daher der Verzicht, insbesondere bei jugendlichen Straftätern, den Herkunftshintergrund anzugeben – es wäre ja diskriminierend, herabsetzend für die Kultur, die ihre ethische Bildung zu verantworten hat. Über der individuellen Katastrophe der Kölner Silvesternacht steht die politische, die staatlichen Institutionen zum Verhüllen, Weglügen und Verleugnen der ethnischen Herkunft der Täter (»Nafris«) zu verpflichten. Um nicht als »rassistisch« diffamiert zu werden, verzichtet die Polizei auf die Verfolgung von Straftaten wie Massenvergewaltigungen durch muslimische Jugendliche, so z.B. im Fall Birmingham (Großbritannien). Die Menschenrechtsideologie negationsfreier Gleichheit immunisiert alle kulturgeschichtlichen Bildungskräfte gegen jede Kritik und erläßt ihnen die unumgängliche Besinnung darauf, daß Einwanderung in kulturell andere Bereiche auch existentielle Veränderungen ethischen Selbstverständnisses impliziert. So wird die moderne Religionsfreiheit nur zur Wahrung der eigenen Akkulturationsverweigerung mißbraucht, und die daraus resultierende Selbstausgrenzung innerhalb der kultu-

9 Vgl. Egon Flaig, *Die Niederlage der politischen Vernunft* (Springe 2017), Kap. VII, IX, sowie Brandner, *Die Ideologie der Menschenrechte*, S. 34 ff.

rellen Mehrheitsgesellschaft in den Vorwurf umgekehrt, selbst »Opfer« feindlicher Ausgrenzungen zu sein. Wo eine moralistische Schuldkultur dem antidiskriminatorischen Gleichheitswahn als universellem Erlösungsprogramm verfällt, vermag die Selbstverklärung zum »Opfer« erheblichen sozialpolitischen Gewinn abzuwerfen.

Auf dem Weg der Selbstpreisgabe und -verleugnung hat Europa gewaltige Fortschritte gemacht: Was als Neutralisierung kulturgeschichtlicher Identitäten begann, verendet in der Ohnmacht, sein eigenes Dasein noch im Feld geschichtlicher Gegensätze auszutragen. Für die Tabuisierung einer offenen islamkritischen Auseinandersetzung wird ein ganzes Heer von Besänftigern und Gutrednern, von Apologeten und Experten aufgeboten, die einem infantilisierten und entmündigten, für dumm verkauften Bürger weismachen sollen, daß die Realität nicht so ist, wie er sie erfährt. Es beginnt mit strategischen Postulaten, »nicht zu verallgemeinern, nicht zu pauschalisieren«, die muslimischen Mitbürger nicht einem »Generalverdacht« kultureller Feindseligkeit auszusetzen und als reines Negativpotential der Gesellschaft zu brandmarken. Die Harmonisierungsstrategie verfällt einer kopflosen Apologetik, die gebetsmühlenartig wiederholt, »Islam« und »Islamismus« hätten nichts miteinander zu tun, sowenig etwa wie »liberal« und »Liberalismus«, »Kapital« und »Kapitalismus«, also eine Sache mit ihrem *modus actionis*, ihrer operativen Vollzugswirklichkeit. Sie steigert sich in die gegen alle empirische Evidenz geführten Beschwörungsriten, muslimische Immigration sei eine »Bereicherung«, was sie offenkundig nur subjektiv für deren Subjekte ist, nicht aber objektiv für das Einwanderungsland, weder ökonomisch noch kulturell, auch ihrem Bildungsniveau nach überhaupt nicht sein kann. So ist die muslimische Einwanderung weniger ein Fortschritt als ein Rückschritt, eine sozioökonomische Last, die zur innenpolitischen Bedrohung wird. Migranten als *human capital* der Profitsucht anzupreisen bleibt eine moderne Version des Sklavenhandels, deren Werbestrategie sich als Betrug herausstellt, wo sie nur die subventionierten Sozialsysteme anreichern: »Wir bekommen Menschen geschenkt!« rief begeistert eine in Theologie gescheiterte Sklavenhändlerin. Ablenkung auf die Islamwissenschaft: Es gebe doch in der islamischen Welt auch Zeugnisse liberaler Reflexionskultur – als wäre der literaturhistorische Bereich jene gesellschaftliche Realität, mit der es die heutige Wirklichkeit zu tun hätte. Was durch die öffentliche Strategie des Gutredens, Heuchelns und Zurechtlügens allgemeine Akzeptanz und Wohlwollen erwirken soll, entpuppt sich als ideologisch inszenierte Verschleierung und Verkehrung der wahren Verhältnisse, die kontraproduktiv den Widerwillen nur um so stärker herausfordern, als sie der moralischen Selbstinszenierung konfliktscheuer Liberalität dient: Zu faul und zu feige, sich des eigenen Verstandes zu bedienen, um die harte Arbeit mit Gegensätzen auszutragen, bleibt sie eine Bequemlichkeit, die in ihrem Selbstgenuß nicht weiter gestört sein will und das Jasagen zu allem Beliebigen als Selbstverdummung zum neuen Gutmenschentum betreibt.

Die unerschöpfliche Bildsamkeit des Menschen im Umgang mit Realitäten verfügt über eine ebenso unerschöpfliche Sophistik, alles verkehren und umkehren, zurechtlügen und schönfärben zu können, um Not in Tugend umzuwandeln und als »Freiheit« zu inszenieren, was im Kern nichts als Ratlosigkeit ist. Sich die mentale Übereinstimmung mit den Verhältnissen vorzugaukeln, dient dem Gefühl moralischer Selbstzufriedenheit. So seien es nicht Rückgratlosigkeit und Selbstverleugnung, sondern im Gegenteil, Liberalität, Toleranz und Weltoffenheit moderner Kultur, was das Verhältnis zur muslimischen Lebenswelt auf europäischem Territorium bestimmt. Die Abgrenzung gegen das Totalitäre erscheint dann selbst als totalitär; die wahre Toleranz bestünde allein in der suizidären Selbstaufopferung für alles Entgegengesetzte. Die liberale Freiheit fällt mit ihrer Negation: der Unfreiheit totalitärer Intoleranz, in ein unterschiedsloses Einerlei zusammen und offenbart daran ihre Inhaltslosigkeit. Wo die Begegnung mit dem Anderen zur Aufhebung des Eigenen wird, ist der Andere auch kein Anderer mehr – im Reich der Gleichen gibt es keine Anderen. Das Subjekt negiert sich selbst, seine geschichtliche Identität, und hat daran seine »Liberalität«. So wird die »antiidentitäre« Predigt *nicht* den Islamisten gehalten, sondern als reiner Selbstverzicht postuliert, der vor der unangreifbaren Identität der Anderen in die Knie geht. Das Rezept der Erlösung von allem Übel lautet: Die eigene Identität muß eine negationslose, ganz und gar leere, also überhaupt keine »Identität« sein, damit keine negativen Verhältnisse entstehen. Leeres neben Leerem stört sich nicht. Für Toleranz und Weltoffenheit wird nicht dort demonstriert, wo sie negiert wird, sondern nur im Fun-Park eines homogenen Multikulti, das sich selbst als Befreiung von allen Gegensätzen feiert. Aber die religiöse Identität des Islam ist keine der orientierungslosen Leere.

Pathologische Realitätsverleugnung und Flucht in die Phantasiewelt sind Symptome seelischer Angstzustände, die sich in mentaler Zerrüttung manifestieren, das geschichtlich gewachsene Selbstverständnis aushöhlen und umkehren. Die Abwehrmechanismen sophistischer Verkehrungen florieren: Man protestiert gegen Behauptungen, die keiner aufgestellt hat und die schon von ihrer Prädikation her widersinnig sind (»Kein Mensch ist illegal«), imaginiert Gegensätze, die keine sind (Abschottung), kehrt Not in Tugend (geistige Leere in Liberalität), streut Blendwerk aus, das keiner auch nur oberflächlichen Beurteilung standhält (Bereicherung). Ist es nicht paradox, wenn eine religionsprivative Gesellschaft gegen die »Verletzung religiöser Gefühle« aufzustehen vorgibt, von denen sie gar keine Ahnung mehr hat, die also ihre auch gar nicht sein können? Oder möchte sie sich solche Gefühle nur vorheucheln, um ihren Primitivismus zu überdecken und sich ein Ansehen zu geben?

Wo ist das europäische Selbstbewußtsein, wenn die antiken (Nackt-) Skulpturen Roms beim Besuch der iranischen Regierung verhüllt werden, um das muslimische »Empfinden« nicht zu verletzen, und umgekehrt die EU-Beauftragte Mogherini im Iran unterwürfig mit Kopftuch auftritt oder christliche Würdenträger ihr Kreuz abnehmen, um beim Besuch des Tempelbergs »Respekt« vor Andersgläubigen zu zeigen? Was für eine »Toleranz« ist das, die dem muslimischen Primat der *scharia* vor Grund- und Menschenrechten, der Verachtung von Polizei und Rechtsinstitutionen und einer selbsternannten Scharia-Polizei mit indifferentem Laxismus begegnet? Was ist das für eine »Weltoffenheit«, die antisemitische und homophobe Grundeinstellungen, kommunitäre Selbstausgrenzung, organisierte Clankriminalität und zuletzt jede kulturelle Provokation durch Burka, Zwangsehe, Jungfrauenwahn, Ehrenmord und sexuelle Übergriffe als »kulturelle Buntheit« begrüßt? Wo bleibt das moderne Rechtsbewußtsein, wenn eine Europäerin in Katar

Anzeige wegen Vergewaltigung erstattet – und wegen außerehelichen Geschlechtsverkehrs verurteilt wird? Wohin sind wir gekommen in der Selbstverleugnung moderner Lebenskultur?

4. Dialektik der Konfliktvermeidung

Zwar mag es für politisch kluges Handelns ein Gebot zur Konfliktvermeidung sein, den Gegensatz und seine Kampfansage zu ignorieren: so zu tun, als wäre da nichts, um ihn ins Leere laufen zu lassen, bis er sich von selbst auflöst; oder ihn zu umarmen, ihn sich einzuverleiben und ihn durch Assimilation aufzulösen. An die Stelle einer offenen Konfrontation, die eine Spirale gegensätzlicher Gewalt auslösen könnte, tritt die heimliche und versteckte Übermächtigung, um den Gegensatz seiner Oppositionskraft zu berauben, ihn durch freundliche Übernahme zu neutralisieren: Es mag dem Gegner sein Selbstvertrauen rauben, seine Negationskraft mindern, bis seine Entgegensetzung ausgehöhlt in sich selbst zerfällt. Scheitert die Strategie, dann kommt unvermeidlich der Punkt, an dem man die Gegnerschaft anerkennen und ihr offen begegnen muß; und fatal wäre es, verfiele die Strategie ihrer Selbsttäuschung und glaubte nun selbst nicht mehr daran, daß da ein Gegensatz ist, den es auszutragen gilt. Die Strategie würde zu ihrer eigenen Kapitulation: Man kommt dem Gegensatz mit Milde entgegen, gibt nach, deutet ihn weg – bis man vor lauter Selbstverstellung sich selbst nicht mehr erkennt. Nicht das entgegengesetzte Andere, sondern das eigene Selbstbewußtsein löst sich auf und verliert seine ganze Negationskraft. Die Strategie der Konfliktvermeidung kippt über fortgesetzte Selbstverleugnung um in existentielle Selbstvergewaltigung. Um so gewaltsamer dann die Anstrengung, die eigene Identität gegen ihre Verleugnung wieder zurückzugewinnen: Ende der Gemütlichkeit.

In jeder Selbstverleugnung steckt ein Moment der versuchten Selbstvergewaltigung, etwas gegen das eigene Grundgefühl und seine Erfahrung umzukehren – etwas ganz anders und entgegengesetzt zu sehen, als man es im Grunde seines Daseins spürt. Schon im alltäglichen Leben reicht ein unbedachter Augenblick der Selbstvergessenheit und äußeren Verführung, um etwas einzukaufen oder zu unternehmen, was man eigentlich gar nicht will, oder eine Beziehung einzugehen, die man nicht mag. Aber es ist nun einmal geschehen; und so ermahnt man sich, es doch »gut« zu finden, ihm etwas abzugewinnen; und zwingt sich mehr und mehr in die Überzeugung hinein, daß es ein Glück, eine Bereicherung sei. Die Versuche sind unzählige, verbissene, gescheiterte oder annehmbare – dann nagt doch wieder ein geheimer Widerwille in den Tiefenschichten und breitet sich unaufhörlich als allgemeine Unzufriedenheit mit allem und jedem aus. Der Aufwand an selbstquälerischer Energie, der nach innen zur Selbstvergewaltigung abgeführt wird, übertrifft um ein Vielfaches den einfachen energetischen Veräußerungsakt des Nein!, der auch produktiver und vor allem gesünder wäre.

> Nach zwanzig Jahren Ehe gestand sie sich endlich ein, was sie schon seit langem innerlich wußte: »Ich liebe ihn nicht, aber er ist ein so attraktiver und guter Mensch, und alle sagen es auch. Er liebt mich auch wirklich und hat mich stürmisch und unnachgiebig umworben – bis ich endlich wider mein besseres Wissen und tieferes Gefühl nachgab. Ich entschloß mich, ihn wiederzulieben – und versuchte es auch … gewaltsam. Es war auch über lange Zeiten angenehm und bequem, so mit ihm zu leben. Aber ich liebe ihn nicht und habe ihn nie geliebt – das war immer da, und ich fühlte mich schuldig, denn irgendwo war es ja mein Betrug und er hatte es nicht verdient. Ich bin schlecht, sagte ich mir; und um gut zu sein, versuchte ich um so mehr, ihn – und mich selbst – mit Hingabe und Zärtlichkeiten von meiner Liebe zu überzeugen. Aber es half nichts – es war Selbstverstellung und Selbstvergewaltigung. Erst jetzt finde ich endlich den Mut, mich von meinem großen Selbstbetrug frei zu machen und es mir klar und unverhohlen einzugestehen: Ich habe mich lebenslang vergewaltigt, emotional verstümmelt und gewissenhaft betrogen …«

Nicht anders ist die mentalpathologische Situation, die dem öffentlichen Diskurs zum Islam jene akrobatischen Drehungen und Verrenkungen abnötigt, die als Realitätsverdrängung und Selbstverleugnung erfahren werden und eine gesellschaftliche Opposition herausfordern, die sich dergleichen moralistische Verfälschungen nicht weiter zumuten läßt. Die Sakralisierung des Faktischen: heiligsprechen, was man nun einmal nicht mehr ändern kann (Merkel: »Nun sind sie halt da«), impliziert die Umkehrung extrovertierter in introvertierte Aggressivität, die, aufgestaut und verdichtet, sich plötzlich explosiv und unaufhaltsam wieder nach außen entlädt. Die Gewalt, die sich das moderne Subjekt selbst antut, kommt an eine Grenze, an der sie sich um so leidenschaftlicher in eine Abwehrreaktion entlädt, als es der Zumutung nachgegeben und dabei sich selbst vergewaltigt hat.

Eine solche Grenze erzwungener Selbstverleugnung ist dort erreicht, wo die oberste Autorität des Staates die kollektive Selbstvergewaltigung kulturgeschichtlicher Identität anordnet und die unsinnige Behauptung, der Islam gehöre zu Deutschland, als moralideologisches Selbstverständnis moderner Liberalität postuliert. Wäre es nicht schon die Eitelkeit moralischer Selbstinszenierung, dann müßte man doch an der politischen Dummheit verzweifeln, die meint, durch solche Rhetorik die realgeschichtlichen Erfahrungen eines ganzen Kontinentes umzukehren. Der Schaden, den Christian Wulff, der gute Bube, der damit noch ein ganz besonders guter Bube sein wollte, angerichtet hat, läßt sich an der Zerrissenheit ablesen, die sie im politischen Bewußtsein des Landes verursachte.[10]

Denn kulturelle Zugehörigkeit ist ein Begriff geschichtlich konstituierter Identität – und kein Dekret zur Aufnahme in eine WG: Sie bezeichnet alle konstitutiven Momente der geschichtlich erzeugten Identität einer Gemeinschaft, aus der heraus als dem ganzen Reichtum ihrer

10 Ein ebenso tolpatschiges Beispiel identitätslogischer Falschmünzerei lieferte der französische Präsident Jacques Chirac 2006, als er, um die EU-Beitrittsverhandlungen mit der Türkei allgemein schmackhaft zu machen, erklärte, Byzanz gehöre doch letztlich zu Europa. Die Eroberung und Vernichtung von Byzanz durch die Türken wird unterschlagen, um eine geschichtliche Zusammengehörigkeit zu erlügen. Es verrät die Hilflosigkeit der Heucheleien, die zu verbergen suchten, daß es die geopolitischen Machtinteressen der von den USA geführten NATO waren, die eine Mitgliedschaft der Türkei in der EU forcierten – allen kulturellen Antagonismen und auch dem Mehrheitswillen der Europäer zum Trotz. Nicht weniger versuchte Wulffs unselige Formel den Antagonismus zur kulturgeschichtlichen Identität umzulügen.

kulturellen Überlieferung sie ihr Weltverhältnis entfaltet. Sie ist eine Sache der faktischen Feststellung geschichtlicher Kulturgenese – und nicht willkürlicher Suggestionen, die als identitätspolitische Verordnungen auftreten. Geschichtlich zugehörig zu Europa sind die griechische Kunst, Wissenschaft und Philosophie, das römische Gesetzesdenken, der jüdisch-christliche Monotheismus und seine Aufhebung in die moderne Rationalität von Wissenschaft und Technologie; sind alle Momente der geistigen, künstlerischen, religiösen und wissenschaftlich-philosophischen Überlieferung der letzten drei Jahrtausende, aus denen sich der spezifisch Referenzhorizont der europäischen Moderne hervorbildete, den sie in ihre Lebensverhältnisse übersetzt – eine Bildungsgeschichte, zu der nun ganz sicher der Islam nicht gehört, im Gegenteil: Er wird als antagonistisches und inkompatibles Moment erfahren. Nirgends gingen der Islam und seine Kultur in die konstituierende Bildungsgeschichte Europas ein, aus der sich sein Weltverständnis und seine Daseinsverhältnisse bestimmen.[11] Auch die dann reduziertere Formulierung Joachim Gaucks, die Muslime gehörten zu Deutschland, bleibt eine verfehlte Betulichkeit vorauseilender Harmonisierung, die allererst ihre Konflikte offen auszutragen hätte. Denn darüber entscheiden die hier lebenden Muslime selbst – und nicht die Deutschen oder ihr Präsident; und zwar nur dadurch, daß sie ihre »Zugehörigkeit« selbst stiften, indem sie ihre religiöse und kulturelle Überlieferung durch das Nadelöhr der europäischen Erkenntniskultur ziehen. Kulturelle Zugehörigkeit steht unter geistigen Bedingungen, die von den Anderen selbst vollzogen werden müssen, um *wirklich* zu werden; sie impliziert für die Muslime den selbsteigenen Durchgang durch die Aufklärung als Selbstbesinnungsprozeß, um sich von daher in ihrer religiösen Identität neu zu verorten.

11 Was als interkulturelle Inspiration in Wissenschaft und Philosophie, die dekorative Mosaikkunst, die Architektur und die Musik Eingang fand, sind – wie aus anderen Kulturregionen – Anverwandlungen ins Eigene, die ihm gegenüber gerade ein Anderes, Unzugehöriges bleiben, sonst hätten sie nicht ihren »exotischen Reiz«, wie türkisch-orientalische Bäder, afrikanische Skulpturen, chinesische Pavillons oder japanische Teestuben. Ästhetische und geistige Anregungen konstituieren keine neue und andere kulturgeschichtliche Identität, zumal sie von islamischer Seite ohnehin nie ethisch-religiöse Kerngehalte betrafen – im Unterschied etwa zur Rezeption indischer und fernöstlicher Kulturmomente (Yoga, Meditation, Zen, Akupunktur usw.).

Es sieht nicht danach aus, daß sie dazu bereit wären oder überhaupt auch nur ein Bewußtsein davon ausgebildet hätten.

Auch dies ist ein Resultat der Konfliktvermeidung, die selbstverleugnend alle Akkulturierungsansprüche zurücknimmt. Indem sie den Gegensatz für inexistent erklärt, zementiert sie beidseitig die Verweigerung einer geistig und intellektuell geführten Auseinandersetzung, wie sie zur offenen demokratischen Diskurskultur gehört. An ihre Stelle treten extraterritoriale Kriegshandlungen: der Rest wird als Randphänomen radikaler Islamisten verbucht, die als »Terroristen« nun wiederum zum Gegenstand rein militärischer (polizeilicher) Interaktionen werden. Der kulturelle Gegensatz wird auf die Gruppe projiziert, die ihn namhaft macht. Es ist diese paradoxe Verkehrung, die das gesellschaftliche Ganze in den Antagonismus von »Liberalen« und »Populisten« zerreißt, wobei letztere nur das binnengesellschaftliche Reduplikationsprodukt sind, das aus der verfehlten Strategie gesellschaftlicher Konfliktvermeidung resultiert. Die äußere Entgegensetzung wird zu inneren, binnengesellschaftlichen Selbstzerwürfnissen umgekehrt: Selbstzerfleischung statt Gegnerschaft.

5. Zum Stand der Gegensätze

Ein fast ausschließlich negatives Geschichtsbewußtsein, moralisch angekränkelt und ohne kulturelles Selbstvertrauen in seine geistige Substanz, kann auch politisch keine Autorität ausstrahlen, die Anderen Achtung gebietet – es fehlt die Selbstachtung, die weiß, wofür sie steht und wofür nicht, die Haltung annimmt und Grenzen setzt. Kein Wunder, daß die islamische Welt die Europäer nur um so tiefer verachtet, wo diese selbst jede Selbstachtung auf- und ihr kulturgeschichtliches Selbstbewußtsein preisgegeben haben. Die an der europäischen Aufklärung orientierte Politik Atatürks verbot das Tragen des Kopftuchs an türkischen Universitäten; Europa erlaubt es und verleugnet darin, was es einst als Vorbild für die Türkei war. So ist durchaus bezeichnend, daß es nicht annähernd so viele islamische Proteste gegen die islamistischen Mörder gab wie westliche Proteste gegen »Islamophobie«. Im Gegenteil:

Trotz gegensätzlicher Lippenbekenntnisse überwog in muslimischen Kreisen auch auf europäischem Boden eine stille Komplizität mit den Tätern, die sich immer wieder in den Hinweis flüchtete, man dürfe den Propheten nicht karikieren. Was als universeller Anspruch und nicht nur als religiöse Regel für die Binnengruppe seiner Gläubigen gemeint war. Die religiöse Solidargemeinschaft behauptet den Vorrang vor dem modernen Rechtsstaat – vom lautstarken Beklatschen der »Rache« und »Vergeltung« noch einmal ganz abgesehen. »Es sind eben unsere Leute« –, und so kann auch ein Attentäter des Bataclan monatelang unentdeckt im Untergrund von Molenbeek leben. In den Massendemonstrationen gegen die Attentate waren die Vorstädte nicht dabei.[12] Wo eine religiöse Gemeinschaft noch nicht einmal ihre eigenen Leute zu zivilisatorischem Zusammenleben zu bilden vermag, wird sie sich über die Feindseligkeit der Anderen nicht wundern dürfen – eine Feindseligkeit, die ja letztlich von ihr selbst und nicht von den Anderen ausgeht. Der »Terrorist« fällt nicht vom Himmel, und wer die muslimische Gemeinschaft aus ihrer kollektiven Verantwortung für ihre Angehörigen entläßt und ihre spezifischen Gewaltpotentiale relativiert, die schon in den ostentativen Selbstausgrenzungen gegenüber den Anderen (»Ungläubigen«) auf ihr Recht zur Gegnerschaft pochen, der wird sich auch zur politischen Verantwortung bekennen müssen, wenn dann doch einmal ein »Terrorist« vom Himmel fällt.

Indem muslimische Migranten aus politisch autokratischen Staaten den europäischen Rechtsstaat nur als Abwesenheit, Fehl und Mangel dieser Autorität erfahren und damit als Beliebigkeitskultur, die alles zuläßt und erlaubt, kann ihnen dieser auch kein Gegenstand der Achtung sein, noch nicht einmal der Furcht. Konsequenz: die Verachtung von Polizei und Rechtsinstitutionen, die Verhöhnung des Rechtsstaates, der sich durch subventionierte Duldung in der Illegalität und Aussetzung des Gesetzesvollzugs (Abschiebung) zum Gespött muslimischer Immigranten macht. Unter diesen Bedingungen aber kann eine kulturelle Integration als Basis gesellschaftlicher und politischer Partizipation nicht stattfinden;

12 So gerieten auch die nachträglich organisierten muslimischen Demos gegen islamistische Gewalt in Köln (Juni 2017) zum Flop – zum Offenbarungseid einer komplizitären Mentalität.

und jeder Versuch, durch die Verleihung der Staatsbürgerschaft eine auch politische Loyalität zu stiften, wirkt lächerlich, wo sie zum Schutzmantel wird, die rechtsstaatliche Verfassung zu unterwandern und gegen sich selbst zu kehren. Nicht wenige islamische Gruppen und Verbände versichern auch öffentlich, daß sie Europa ohnehin in wenigen Jahrzehnten übernehmen würden; bei vier bis sechs Kindern pro Familie sei es nur eine Frage der Zeit, bis sie auch politisch relevant die Mehrheit stellen. Schon in wenigen Jahren steige die muslimische Wählerschaft auf 20 bis 30 Prozent, bald gebe es auch ganz offiziell explizit muslimische Parteien. Eben dieser biologische »Knockout« der Europäer sei die über die Migration nun endgültig vollzogene islamische Eroberung Europas. Man mag dies ebenso lächerlich finden wie das Projekt des Islam, ein Kalifat auf EU-Boden zu errichten – aber Intention und Kampfansage sind es nicht. Denn politisch und mental ist Europa das schwächste Glied der wissenschaftlich-technologisch führenden Weltmächte und deshalb das privilegierte Ziel islamistischer Politik. Man kann den Kopf in den Sand oder in die Burka stecken – aber eine politische Auseinandersetzung mit geschichtlichen Realitäten findet so nicht mehr statt.

Das moderne Subjekt, Gefangener einer gedächtnispolitisch verordneten Selbstwahrnehmung, entleibt sich der geschichtlichen Konstitution seiner eigenen kulturellen Identität, um keine Gegensätze entstehen zu lassen. Es entmündigt sich selbst im Lichte transzendenter Werte und verabschiedet, was als aufgeklärtes Subjekt Sache seines Verstandesgebrauchs war. Die negations- und gegensatzlose, entleerte Identität wird zur Tugend umdeklariert und feiert sich als »Liberalität«, als bedingungslose Freizügigkeit, die alle geschichtliche Bildung des Menschen zum ethischen Subjekt aufgelöst hat. Aber nur Differenz und Unterschiedenheit begründen Leben, Produktivität, Entschiedenheit, Freundschaft und Liebe. Toleranz, so notierte schon Nietzsche, sei Faulheit, Unentschiedenheit, Nichtwissen – die Maßstäbe fehlen, um eines vom anderen zu scheiden, zu urteilen, zu richten und überhaupt etwas zu verwirklichen. So ist die Identitätsauflösung im Grunde nichts anderes als der Ausdruck für die unterschwellige Daseinsdepression modernen Menschseins, die sich geschichts- und wirklichkeitsverloren in mentalem Wischiwaschi auslebt und in moralistischen Zwangshandlungen zu therapieren versucht. Mit »Toleranz« und »Weltoffenheit« meint das moderne Subjekt nur die Erregungskultur, die seine eigene Ablenkung gewährleistet: Von kultureller Differenz hat es nur einen folkloristischen Begriff des Unterhaltsamen, wie die Rede von »Buntheit«, »Vielfalt« und, in infantiler Diktion, »Multikulti« verrät. Aber der Islam versteht sich selbst nicht als folkloristisches Unterhaltungsprogramm für postmoderne Daseinsdeprimierte – eher schon als Heilstherapie der geschichtlichen *décadence* der Moderne.

6. Die ideologische Situation der Postmoderne

Denn es ist diese seelisch-geistige Verfassung, die das moderne Bewußtsein in der Auseinandersetzung mit der muslimischen Immigration an sich selbst offenlegt – der Verfall aller sich selbst bejahenden Substanz kulturgeschichtlich ausgebildeten Selbstseins. Aber dieser Verfall ist selbst ein geschichtlicher Vorgang in der allgemeinen Bewußtseinslage der Moderne und betrifft in erster Linie, wenn nicht gar ausschließlich, die fortgeschrittensten Gesellschaften im Ursprungsbereich modernen Weltverhältnisses, die sich im Zuge der europäischen Aufklärung aus der Negation des christlich-monotheistischen Leitparadigmas konstituieren. Am Problembereich muslimischer Immigration wird also lediglich etwas offenbar, was grundlegend alle Lebensbereiche modernen Daseins durchherrscht und in der Gegenwart als die ideologische Situation der Postmoderne zum Tragen kommt, die die Grundlage gesellschaftspolitischer Orientierungen bildet. Die geschichtsanalytische Diagnostik kommt somit nicht um die Frage herum, wie der Verfall kulturgeschichtlichen Selbstbewußtseins im Prozeß der Moderne selbst liegt. Versuchen wir diese geistige Situation kurz auf ihre wesentlichen Momente hin zu umreißen.[13]

13 Vgl. dazu aus der Perspektive des universalistischen Menschenrechtsdiskurses die Analysen in: Brandner, *Die Ideologie der Menschenrechte.*

Das Grundgeschehen der Moderne vollzieht sich in der durch wissenschaftliche Rationalität geleisteten Technologisierung aller menschlichen Lebensverhältnisse und damit einer weltweiten Angleichung der Lebenswelten: ihrer Arbeits-, Produktions- und Konsumptionsverhältnisse, der architektonischen Gleichschaltung ihrer Bauten und Stadtbilder, der Massenkultur ihrer Unterhaltungsindustrie, von Moden und Lebensstilen, die im internationalen Austausch von Waren, Finanzen und Personen zu einer gewissen Standardisierung des Menschseins jenseits ihrer kulturgeschichtlichen Differenzen führen. Diese verschwinden mitunter in folkloristischen Unterhaltungswerten, in denen die Erinnerung an eine romantisierte Vormoderne wachgehalten wird. So ungleichförmig dieser Prozeß moderner Homogenisierung in den verschiedenen Weltkulturen auch verlaufen mag, so zentriert er doch alle wesentlich kulturschöpferischen Kräfte menschlichen Geistes in der wissenschaftlich-technologischen Rationalität als dem ökonomischen Machtzentrum kollektiven Lebens: Was in der geistigen Lebenszentrierung von Kunst und Religion, Philosophie und Weltbesinnung den wesentlichen Horizont menschlichen In-der-Welt-seins entfaltete, wird zu einem in die Vielfalt partikulärer Lebensformen zerstreuten Randphänomen marginalisiert. An deren Stelle tritt als Überbau eine Metaebene supranationaler Institutionen, die im Postulat universeller Menschenrechte einen kulturgeschichtlich neutralisierten Entwurf allgemeinen Menschseins zum transzendenten Maßstab des Sein-sollenden erheben: Als maßgeblicher Horizont menschlichen In-der-Welt-seins ist er kulturgeschichtlich neutral nur die Leere eines Allgemeinen – des Menschen überhaupt als sich reproduzierender Biomasse.

Es liegt auf der Hand, daß im Dekulturalisierungsprozeß der Moderne: der Verlagerung aller einst kulturschöpferischen Energien des Menschen auf das ökonomische Machtzentrum wissenschaftlich-technologischer Rationalität, die europäischen Gesellschaften auch die fortgeschrittensten sind, zumal sie sich nur vermittels der Negation ihres vormaligen religiösen Verständnishorizonts als Ursprungsbereich neuzeitlicher Rationalität konstituieren. Das geschichtlich negative Selbstverhältnis gehört zur Genese der modernen westlichen Welt; und was als postmoderner »Verfall« (*décadence*) kulturgeschichtlich ausgebildeten Selbstseins, als Selbstzerwürfnis der Moderne in Erscheinung tritt, das Resultat eines geschichtlichen Prozesses, der alle geistig schöpferischen Kräfte in die Negativität technologischer Daseinsmacht bannt – unvermögend, selbst einen zureichenden Horizont menschlichen In-der-Welt-seins zu erzeugen, der als Analogat oder funktionales Äquivalent vormaliger Verwirklichung des Menschseins fungieren könnte. Das geschichtliche Selbstbewußtsein der Moderne erfährt die »Absurdität«, den Widersinn allen Seins, die Verzweiflung an seiner von aller maßgebenden Wirklichkeit losgelösten Subjektivität, die als Allmacht mentaler Kategorisierungen und sprachlicher Benennungen alles Beliebige als maßgeblich dekretieren kann, ohne je festen Boden unter den Füßen zu finden. Es geht auf in einer Traum- und Illusionswelt, die am Machbarkeitswahn technologischen Wunschdenkens die Künstlichkeit allen Seins zum Maß erklärt. Das in die Orientierungslosigkeit phantasmagorischer Welten verlorene Subjekt erleidet seinen Wirklichkeitsschwund als geschichtslose, zivilisatorische Einheitsware, als Verlust kulturgeschichtlicher Identität; und kompensiert nun seine kulturelle Identitätsschwäche durch die Flucht in leere Allgemeinbegriffe des »Menschseins überhaupt«, die als Transzendenz simulierende supranationale Maßgaben von »Menschenrechten« einen Richterstuhl letzter Instanz errichten, vor dem sich das realgeschichtlich konstituierte Subjekt »schuldig« fühlt. Das Schuldgefühl verleiht dem modernen Subjekt nun das Schwergewicht eines unumgänglichen Wirklichkeitsbewußtseins, das es als seine realgeschichtliche Identität auszutragen hat. Damit verliert es das, was es am weltweiten Siegeszug wissenschaftlich-technologischer Rationalität als seine inhaltliche Substanz in die geschichtliche Selbstbejahung übernehmen könnte: Unter dem Richterstuhl allgemeinster Höchstwerte verfällt seine sich selbst bejahende Identität seiner Negativität, die an Kolonialismus, Imperialismus und Kapitalismus nur noch die Verwerflichkeiten einer menschenverachtenden, »rassistischen« Machtkultur sichtet (*white supremacy*). Es versteht sich von selbst, daß einem solchen Bewußtsein, wo es auf ein in seiner sakralen Selbstbejahung festgefügtes Bewußtsein stößt, nichts bleibt als die in die transzendente Sphäre allgemeiner Menschenrechte flüchtende Ohnmacht seines Selbstverzichts.

Genau damit aber ist die Aporetik modernen Bewußtseins bezeichnet, die es als Verlust politischer Vernunft austrägt. Primär und ihrem ursprünglichen Wesen nach ist alle Politik reflexiv auf die territoriale Gemeinschaft bezogen, deren Politik sie ist, um ihre äußeren Lebensbedingungen in Rechtsverhältnissen zu organisieren. Die Reflexivität setzt also ein festes Gemeinschaftssubjekt voraus, das, ob in kleineren oder größeren Einheiten, ein aufgrund seiner Welterfahrung gemeinschaftliches Ethos als sich selbst bejahende Identität ausgebildet hat. Eben dieses Ethos ist es, das sich in seinen Rechtsverhältnissen objektiviert. Wo eine solche Identität fehlt oder zerfällt, zerfällt auch die Reflexivität, da sie kein kollektives Subjekt mehr vorfindet, auf das sie als ihr maßgebliches Worumwillen, als Ziel und Zweck ihrer Tätigkeit, zurückkommen und es in produktive Rechtsverhältnisse transformieren könnte: Der politischen Vernunft, die äußeren Lebensbedingungen in gemeinschaftsbildende Rechtsverhältnisse zu organisieren, wird der Boden entzogen. Dies aber ist schon vor aller Immigrationsproblematik dort der Fall, wo sich das gesellschaftliche Subjekt in Selbstzerwürfnissen ergeht, die eine positive, sich selbst bejahende Identität auf die kulturgeschichtlich neutralisierte Metaebene eines bloßen Allgemeinbegriffs verlagern, der kein reales und damit politisch operatives Subjekt entspricht, sondern nur eine durch Leerintentionen erzeugte moralische Letztinstanz, vor dem es sich in die Selbstnegation von Schuldgefühlen ergibt. Es ist der Moralismus der Moderne, der die politische Vernunft in die Aporie antagonistischer Bindungen (*double bind*) verstrickt, indem sich die geschichtlichen Realsubjekte der Moderne (Nationen) schon von sich her in die ideologische Simulation von Transzendenz (supranational) begeben, die an leeren Allgemeinbegriffen nur das geschichtliche Selbstzerwürfnis mit dem eigenen Kulturgrund artikulieren. An den pseudotranszendenten Leerintentionen moralischer Unbedingtheiten verliert das politische Subjekt den pragmatischen Handlungshorizont, der es reflexiv an sein eigenes realgeschichtliches Dasein rückbindet: In der Bivalenz des »double bind« zerfällt die politische Vernunft am Gegensatz von Real- und Moralpolitik in schizophrene Rat- und depressive Wehrlosigkeit. Die ideologische Situation der Postmoderne ist die einer kollektiven Pathologie, die unabhängig von aller migratorischen

Problematik in ihrer eigenen geschichtlichen Bildung zum Weltverhältnis wissenschaftlich-technologischer Rationalität wurzelt.

Wie das moderne Bewußtsein damit umgeht und seiner aporetischen Verfassung zu entkommen sucht, welche selbsttherapeutischen Wege sich ihm bieten, seine Pathologie auszutragen, soll nun in einem kurzen Zwischenspiel an zwei Varianten behandelt werden. Die erste bietet Michel Houellebecq in seinem geschichtspolitisch durchreflektierten Roman *Unterwerfung*, die zweite die begriffliche Analyse des modernen Moralismus.

ZWISCHENSPIEL: AUSWEGE AUS DER APORETIK MODERNEN BEWUSSTSEINS

1. Die Überwindung des Nihilismus nach Michel Houellebecq[14]

Michel Houllebecqs Roman *Die Unterwerfung* inszeniert die Übernahme Europas durch den Islam: Die islamische Immigration verliert ihre Unschuld und entpuppt sich als invasive Macht der Überwältigung europäischer Kultur, die ihre 500jährige Geschichte der Aufklärung um 180 Grad in ein schon lange überwunden und totgeglaubtes theologisches Unterwürfigkeitsdenken umkehrt. Das soll hier nicht nacherzählt werden; die Kenntnis des Romans wird vorausgesetzt. Vielmehr ist auszuloten, wie es Houellebecq gelingt, eine solch paradoxe und gänzlich unglaubhafte Kehrtwendung Europas plausibel zu machen. Denn der Roman ist ernst gemeint und keine bloße Zeitsatire oder karikierende Fiktion, die als Gesellschaftskritik oder gar propagandistisch gegen den Islam aufträte. Um eine solche Wende überzeugend darzustellen, bedarf es eines scharfen zeitanalytischen Blicks auf die massenpsychologische Verfassung der Moderne, gepaart mit Einsichten in die politischen Verflechtungen, die ihre gegenwärtige Situation bestimmen.

Also: keine Kassandrarufe – Unheilsrufe einer massenpsychologischen Katastrophenangst, einer »Islamophobie«. Zum einen erinnert Houellebecq zu Recht gegen die geläufigen Mißverständnisse, daß Kassandra keine Verkünderin imaginären Unheils, eine bloße Angstmacherin ist, sondern im Gegenteil: *Wahr*sagerin künftiger Ereignisse, vorausblickend das reale Wirklichkeitsgeschehen enthüllend, aber unter dem Fluch Apolls belastet mit Unglaubwürdigkeit. Sie sagt das,

14 Michel Houellebecq, *Unterwerfung* (Köln 2015).

was kommt – und es kommt auch; doch keiner glaubt ihr, und um so kopfloser rennt jeder in seinen Untergang. Diese Ungläubigkeit lastet als Fluch kollektiver Realitätsverdrängung auf dem Roman selbst und liefert ihn der wohlfeilen Anklage der »Islamophobie« aus. Es ist der Fluch des Erkennens (Apolls), der auf Kassandra-Houellebecq selbst niedergeht, der nicht wahrhaben will, was sich abzeichnet, und sich deshalb dem Geschehen wehrlos ausliefert, bis auch noch die letzte furchtbare Konsequenz gezogen wird: Lieber *scharia* als Front National (FN, was in Deutschland der AfD entsprechen würde). Zum anderen: Ist die unterstellte Ankündigung der Unterwerfung unter den Islam wirklich »Unheil« oder nicht vielleicht vielmehr das »Heil«, das alle Aporien der modernen Gesellschaft auflöst? Ist die allseits unterstellte Inkompatibilität von liberaler Aufklärungskultur und theokratischem Islam vielleicht nur eine scheinbare? In der Tat besteht darin die Strategie des Romans: Die Unterwerfung unter den Islam ist für die sie vollziehenden Subjekte die Erlösung und Befreiung von der nihilistischen Leere und Orientierungslosigkeit modernen Lebens.

Deshalb bleibt auch der eigentlich politische Prozeß eher mariginal und erscheint mehr beiläufig am Ende als formelle Bestätigung tiefer liegenderer Entwicklungen der modernen Daseinsbefindlichkeit. Dabei fällt weniger ins Gewicht, daß sich die politische Klasse von Mitte/Rechts und Links durch ihre Diabolisierung des FN selbst in die Sackgasse manövriert hat, die dann den politischen Sieg der Muslimbruderschaft besiegelt. Denn auch dies ist nur ein Moment ihrer Verblendung, die Islamisten durch Integration und Einbindung in die Regierungsmacht für sich funktionalisieren und bändigen zu können: so, wie es einst Hugenberg, Papen und Co. mit Hitler versuchten und übel den Umschlag erfahren mußten, selbst instrumentalisiert unterzugehen. Houellebecq übernimmt hier ganz offensichtlich das Schema der nationalsozialistischen Machtergreifung. Die politische Naivität ist eigentlich machtpolitische Überheblichkeit, die meint, die Sache im Griff zu haben – wofür stellvertretend gerade der *liberale* François Bayrou als »Hanswurst« verspottet wird. Die Verblendung liegt denn auch genau in der westlichen Hinwendung zu einem vermeintlich »gemäßigten Islam«, der, wie schon die US-Politik in Syrien erfahren mußte, nur als

Lockvogel fungiert, um die finanzielle und militärische Unterstützung des Westens zu erhalten. Der Terror der Islamisten hat an sich selbst keinerlei politischen Sinn – er hat strategisch gesehen überhaupt nur die Aufgabe, die westliche Politik in die Arme des »gemäßigten Islam« zu treiben, der eben kein anderer als jener und nur seine Maske ist. An diesem Trugbild aber fundiert sich die Dämonisierung des FN; es dient wesentlich dazu, den Gegensatz von islamischem Fundamentalismus und moderner Aufklärungskultur aufzuweichen. Dem liegt schon Tieferes zugrunde, nämlich das zerrüttete und kriminalisierte Selbstgefühl der eigenen Identität, der »Nation«, als typisch moderne Befindlichkeit. Und das im »nationalchauvinistischsten« Staat Europas – Frankreich, das nicht müde wird, »la gloire de la patrie« zu beschwören! »Qui n'aime pas la France, la quitte!« (Sarkozy). Auf dieses Nationalchauvinistische wird noch zurückzukommen sein.

So weit der Oberflächenprozeß des Politischen. Es spricht aber gerade für den Rang des Romans, daß er die Umkehrung der Verhältnisse weder einem bloßen Machtkalkül der politisch herrschenden Klasse noch einer populistischen Massenverführung der Unterschichten zuweist, sondern sie aus einem Repräsentanten der oberen Bildungsschicht, einem Literaturprofessor (François) der Sorbonne Nouvelle – (Paris III), entwickelt, der als Inkarnat und verdichtetes Konzentrat des Zeitgeistes die existentielle Situation der Moderne widerspiegelt: Die Umkehrung der Moderne zur Unterwerfung unter den Islam erfolgt aus dem Grunde modernen Daseins selbst, das anhand der ausgehöhlten Sekundärexistenz eines historisierenden Geisteswissenschaftlers repräsentiert wird. Sie ist ganz mit Bedacht als Subjekt des Geschehens gewählt: Denn die geisteswissenschaftlich-historisierende Existenz zentriert sich ganz in einem Anderen und umwillen dieses Anderen – dem »Primärautor« als Forschungsgegenstand. Aus ihm bezieht sie ihr ganzes Gewicht, ihre ganze Wirklichkeit; sie hat nichts für sich, keine Eigenheit als eben die, ganz im mimetischen Reflex einer anderen Existenz aufzugehen und nur als leere Hohlform, als geklonte Existenz des Originals ihren Sinn zu haben. Schon Kant nannte diese historisierende Existenz einen »Gipsabdruck von einem lebenden Menschen« (*Kritik der reinen Vernunft,* B 864). Sie erscheint in der Literatur selbst als »parasitäre«

Daseinsform, die nicht aus eigener Kraft, sondern nur vom Leben der Anderen lebt und deshalb, platonisch gedacht, als Schatten eines Schattens oder Abbild eines Abbildes unter konstitutivem Wirklichkeitsschwund leidet. Es ist diese Nullität als Beruf, die als existentielle Leerform die nihilistische Sinnentleertheit und Orientierungslosigkeit des modernen Subjekts repräsentiert und sich dann durch die Unterwerfung unter den Islam mit einem Schlage von ihrem Nihilismus erlöst – ihn überwindet, indem sie das monotheistisch überlebte Paradigma des Christentums in seiner islamischen Abvariation wiederholt: Houellebecqs Roman inszeniert das Drama der Überwindung des modernen Nihilismus, die schon im Original, dem Schriftsteller Joris-Karl Huysmans, dem Literaten der *décadence* mit okkultistischen Tendenzen, der schließlich zum Katholizismus konvertiert, als lebenslange Sinnsuche mit totalitärer Finallösung auftaucht und nun im Abbild, seiner mimetischen Wiederholung durch den Literaturprofessor François, mit der analogen Bekehrung zur totalitären Ideologie des Islam endet.

Die moderne, religionsfrei »aufgeklärte« und »liberale« Existenz erscheint dabei nur wie das dünne Eis, über das der Mensch mehr wie im Traum und jederzeit vom Einbruch bedroht dahinschlittert, kaum seines eigenen Elends bewußt. Sie hat auch keinen Halt mehr an der modernen Philosophie und Wissenschaft. Jede identitätsstiftende Alternative zur tradierten Religion, jeder militante Atheismus ist dahin, auch die politische Ideologie kann keine Lebensenergien mehr in ein exklusives Sinnstiftungsprojekt bündeln, und wie im theologischen Bekehrungsgespräch mit Rediger bedarf es kaum mehr als einiger trivialer Versicherungen über die Sinnhaftigkeit des kosmischen Ganzen, um den alten Gott als Allah wieder neu erstehen zu lassen. Aber das alles bleibt eigentlich Nebensache – theologischer »Krimskrams«. Hauptsache ist das sinnentleerte und gelangweilte Leben des François selbst, nach dem professionellen Karriereschub an die Sorbonne ohne jede weitere gegenständlich bildende Tätigkeit, die das Leben erfüllen könnte, ohne bindendes Wozu und Worumwillen, ohne Leidenschaft und ohne Freundschaften orientierungslos dahintreibend in den Belanglosigkeiten universitärer Routine, beziehungs- und liebesunfähig von Mikrowellenfraß dahindarbend, dabei immer nur Lehrcharisma in erotische Dienste unterwerfungsfreudiger und turnusmäßig wechselnder Studentinnen umwandelnd, wie ein Kaninchen von Ejakulation zu Ejakulation hoppelnd – kurz: Es ist der ganze Primitivismus modernen Lebens, zentriert in Geld und Sex, vielleicht noch ein wenig geschmückt mit der Eitelkeit universitären Ansehens, um als Spezialist eines Marginalautors eine »Autorität« darzustellen, die uns am Subjekt der Konversion (François) als *décadence* sich selbst bejahenden Lebens entgegentritt und an Fellation und Analsex die Verachtung und Unterwerfung des Objekts der Begierde als degenerierte Lebenserotik vorführt. Gerade an ihrer oberen Bildungsschicht tritt das moderne Leben als Degenerationsphänomen primitivistischer Geldgier und sexueller Erniedrigungen hervor – und die Assoziation mit den Sexorgien eines ehemaligen IWF-Chefs (Dominique Strauss-Kahn) dürften sich von selbst aufdrängen. Es ist dieser moderne Primitivismus, der in heimlicher Komplizität mit dem islamischen Primitivismus steht, verkörpert durch die »Petromonarchien«, ihrem Geldreichtum und ihrer sexuellen Erniedrigungskultur der Frau zum Dienstmädchen der Lust (altersbedingt dann der Pflege); und es ist dann die Konjunktion dieser beiden, unterschwellig schon an sich komplizitären Primitivismen, aus der dann die Umkehrung der liberalen Aufklärungskultur ins totalitäre Religionsparadigma erfolgt, das eben jenen Primitivismus der Moderne zur religiösen Praxis erhebt und ihn mit einem Schlage von seinem nihilistischen Zug existentieller Verzweiflung erlöst. Der moderne Primitivismus erobert durch seine Unterwerfung die Heiligkeit der religiösen Lebensform, seine theologische Rechtfertigung »in absoluto«, die ihn mit dem Schauder des Numinosen umgibt und die orientierungslose Komplexität modernen Lebens in die einfache Einheit einer nach Herrschaftsverhältnissen durchregulierten Gesellschaftsordnung zurückführt. Was will man mehr?

Der Aufruhr modernen Lebens durch permanente Überreizung und darauf folgender Leere, von Möglichkeiten und Ratlosigkeiten löst sich auf: Eine neue Sicherheit und Ordnung zieht ein, Befriedung der migratorischen Konflikte und Auflösung der sozialen Spannungen in den Vorstädten (*banlieues*), Ende der Anmache und der Aufreizung des Verlangens durch »tetas y culos«, Desexualisierung des öffentlichen Raums durch Reduktion weiblicher Präsenz und Entreizung des

Wahrnehmungsfelds durch asexuelle Kleidung, dabei professionelle Vermittlung (durch »Verheiraterinnen«, *marieuses*) von handverlesenem Jungfleisch zu zwangsverheirateten Sexobjekten, Polygamie statt fliegenden Partnerwechsels, Fremdgehens und Beziehungschaos. Da ist für alle was dabei: für die Linke der antikapitalistische Zug der Zentrierung in kleinteiligen Wirtschaftsformen, für die Rechte die Zentrierung in der Familie als Basiseinheit sexueller Reproduktion, die als elementare Produktivkraft ideologisch verfügbare Biomassen generiert und sie durch entsprechende Bildungsinstitutionen zur Aufrechterhaltung des Bestehenden gegen alle Wechsel modernistischer Beliebigkeiten durchkonditioniert: Macht ist Zukunftssicherung, biologisch garantiert durch erhöhte Reproduktion. Islam ist Politik (Khomeini), Herrschaftsanspruch über die Allgemeinheit der Menschen, seine politische Rationalität Unterwerfung unter das Höchste, die alle gesellschaftlichen Verhältnisse durchstrukturiert: Unterwerfung einer subsistierenden Massengesellschaft unter Luxusclans, Unterwerfung der Kinder und Frauen unter den Mann, des Mannes unter Gott, Anfang und Ende menschlicher Daseinsstruktur.

Es macht zweifellos den künstlerischen Spürsinn Houellebecqs aus, diese Konjunktion existentieller Primitivismen gesehen und die autoritäre Ideologie des Islam als religiöses Kompensationsangebot des modernen Nihilismus vorgeführt zu haben. Was in der Moderne als ökonomische und sexuelle Verwahrlosung bodenlos bleibt und damit in nihilistischer Verzweiflung endet, wird durch den Islam in den höheren Rang religiöser Weihe erhoben und als autoritativer Heilsinhalt menschlicher Gesellschaften durchorganisiert. Damit ist der nihilistische Zug verschwunden – und ebendies leistet die »Unterwerfung unter das Höchste«: die Sakralisierung von Verwahrlosung in geordneten Verhältnissen, die durch eine absolute theologische Autorität durchgesetzt wird und damit dem Selbstbewußtsein der Moderne eine metaphysische Fundierung und dem politischen Machtinstinkt seine höchste Selbstbefriedigung gewährt.

So erhält nun auch der französische Nationalchauvinismus sein Bonbon: Das absolutistische Erbe des Sonnenkönigs überwindet die Revolution mit Hilfe der neuen, muslimischen EU-Politik, die mit der

Integration des gesamten Maghreb und aller nordafrikanischen Staaten bis Syrien und der Türkei auch den gesamten mediterranen Herrschaftsbereich des Römischen Reiches wieder auferstehen läßt –, aber nun nicht mehr als das der Deutschen, sondern (*enfin!*) als das der Französischen Nation! Und erhebt damit zugleich auch das Französische wieder zur Weltsprache, gegen das Englische – »quel bonheur«! Die Islamisierung der EU ist die Rückkehr Frankreichs zur Weltgeltung und damit der bessere Front National. Und in Abwandlung des oben zitierten Sarkozy-Wortes muß es nun heißen: »Qui aime la France, se convertit!« Jede Zivilisation stirbt durch Selbstmord,[15] und wenn die humanistische Ideologie der Französischen Revolution und der sich aus ihr verstehenden Moderne suizidär ist, dann als Vollzugsorgan geschichtlichen Fortschritts, den nur rückwärtsgewandte Melancholiker bedauern können. Denn in Wahrheit ist Kassandra eine frohe Botschafterin.

2. Der Moralismus als posttheologische Waffentechnik

Weltgeschichte sei Machtgeschichte und damit eine militärische der Waffentechnik und Kampfstrategien: so eine allgemeine Überzeugung. Wenn aber neben der physischen auch die psychologische Kriegsführung zu den Strategien der Übermächtigung gehört, dann muß auch die seelische Schwächung des Gegners eigens kalkuliert und ins Werk gesetzt werden: Er soll, durch Kriegsbemalung und Geschrei gelähmt, in Schrecken erstarren, allen Mut und alles Selbstvertrauen in seine Kraft verlieren und sich aufgeben, bevor auch nur der erste Streich geführt ist.

Zur psychologischen Macht gehört die unerschütterliche Überzeugung in das eigene Recht, die eigene Wahrheit – wer sich anzweifelt und

15 In *Unterwerfung* sagt François an einer Stelle, daß er »zunehmend vom Denken Toynbees geprägt war, von seiner Idee, daß der Zusammenbruch einer Kultur nicht durch einen militärischen Angriff von außen verursacht wird, sondern dadurch, daß sie an sich selbst zugrunde geht« (S. 228). Houellebecq verweist damit auf die geschichtshistorische Evidenz, daß große Kulturen – etwa Griechenland und Rom – ihrem eigenen Untergang nicht nur zusahen, sondern ihn selbst besinnungslos mitbetrieben.

im Unrecht dünkt, hat schon verloren. Deshalb gehört zur Entwicklung moderner Waffentechnik auch eine ganz neue Waffengattung psychologischer Kriegsführung: der »Moralismus«, der nach dem Vorleuchten im Tugendterror der Französischen Revolution im Versailler »Friedensvertrag« seinen endgültigen Durchbruch feiern konnte. Sein Ziel ist die Herrschaft über die Seele des Anderen – ihn durch Anklage in die Knie zu zwingen und durch seine Scham- und Schuldgefühle gefügig zu machen. Einem antiken Menschen gegenüber erwiese sich eine solche Waffe als stumpf, nutzlos und unschädlich – er würde sie mit einem gellenden Lachen hinwegfegen. Erst die moralische Verletzlichkeit des modernen Menschen macht sie zur Waffe und verleiht ihr die Macht, sich den Anderen zu unterwerfen, botmäßig und untertan zu machen. Woher aber diese moralische Verletzlichkeit? Aus der jahrtausendealten christlichen Schuldkultur; aber nicht in und mit dieser, sondern aus ihrem Verlust resultiert die moderne moralische Verletzlichkeit als unterschwelliges Schuldgefühl, dem Dasein durch seine bedingungslosen Entgrenzungen allen Ernst zu rauben. Das sich in maßlosen Beliebigkeiten ergehende desakralisierte Weltverhalten erträgt sich selbst nicht. Um sich ein Schwergewicht, einen Ernst und eine Haltung zu geben, erinnert es sich der Schuld als seines tiefsten religiösen Gefühls. Und so erzeugt es in sich das Bedürfnis, ja die Sehnsucht nach Schuld, aus der sich pseudosakrale Erlösungsgefühle generieren lassen – eben als moralistische Affektationen, die eine verschwundene Transzendenz simulieren. Zum Moralismus kommt es erst dort, wo die Umwandlung unterschwelliger Schuldgefühle in moralische Unbedingheiten zum Zentrum wird, aus dem der Mensch seine ganze Selbstachtung bezieht.

Die moralische Waffe besteht nun genau darin, ihm diese Selbstachtung abzusprechen, ihn über Schuld- und Schamgefühle in die Verachtung seiner selbst, das Gefühl seiner Unwürde zu treiben und sich in solcher Selbstnegation aufzuheben: Durch die moralische Infusion vergiftet, übernimmt er seine Selbstauslöschung – der Angriff übersetzt sich in den Suizid des Angegriffenen, der die Aggressivität des Angreifers verinnerlicht, sie gegen sich selbst wendet und sich darin auslöscht. Denn moralische Schuld trifft ungleich tiefer als alle andere Verschuldung, die aus einem Irrtum oder einer Fehlentscheidung hervorging:

Sie erfährt sich als Abbruch am Menschsein, als inwendige Nichtigkeit und Unwert des Daseins. Zum Eingeständnis der Schuld gehört deshalb die Ohnmacht, überhaupt noch Gegenwehr leisten zu können: Es fehlt jede »Legitimität« als moralische Grundlage der Selbstbehauptung. Umgekehrt ist deshalb dann die psychologische Kriegsführung wesentlich ein Kampf um »Legitimitäten«, vor denen andere in die Knie gehen, und das ganze öffentliche Leben wird von einem obsessiven Zwang des »Rechtfertigens« umhergetrieben, das sich für alles und jedes schon vorab »entschuldigen« muß. Auch dies ist eine Version moderner »Rationalität«: Rechtfertigungszwang eines »Begründens«, das die moralische Exzellenz des Subjekts vorführt, jederzeit zu wissen, wer oder was woran »schuld« ist – und sich durch öffentliche Entäußerung davon frei- und in allem gerechtfertigt zu sprechen.

Dies heißt: Moralismus als Ritual religionsprivativer Gesellschaften entspringt dem panischen Versuch, den Verlust der religiös fundierten Gemeinschaftsbildung durch mediale Öffentlichkeitsmacht zu kompensieren. Die Religion leistet die entlastende und befreiende Abfuhr der negativen Schuld- und Schamgefühle in der Intimität des jeweiligen Gewissens: der wöchentlichen Beichte als geheimem Bekenntnis. Sie ist keine Sache der Öffentlichkeit. Dazu wird sie erst, wo diese innerliche Selbstbezeugung vor dem richtenden Gott fehlt: Die Entäußerung in die Öffentlichkeit und die permanente Überflutung des öffentlichen Raums mit dem schuldversessenen Moralismus des Anklagens werden zum neuen Abfuhrmechanismus negativer Selbstwahrnehmung. Sie bringt sich vor *den* »Richter« der allgemeinen Öffentlichkeit, den sie selbst als durchgängig sozialisiertes Subjekt verinnerlicht hat. Daran wird sie anklagend selbst zum Richter. Deshalb ist auch der Inhalt des Moralismus kein anderer als der einer geschichtlich produzierten massenpsychologischen Angst vor dem Phantasma, etwas »Böses« zu sein (Rassist, Antisemit, Sexist …). Er spricht sich fast ausschließlich in Negationen (Verboten) aus, artikuliert also selbst keinen positiven Begriff sich in Tugend und Tüchtigkeit vollendenden Menschseins. Es ist eine Moralität ohne Rationalität, ohne sich autonom bestimmende Einsichtnahme – also überhaupt keine. Statt dessen ein blindes Sollen und Nichtsollen, das Abwehrängste artikuliert.

Effiziente Verstärkung leistet dabei der moralische »Dopplereffekt«: Wer die Schuld verneint, abwehrt, zurückweist, wird als doppelt schuldig markiert – er »verdrängt«, ist ein »Verleugner«, »Heuchler« und »Lügner«. Indem wir diese Verdoppelungsdrohung nun wieder abziehen, erscheint das Eingeständnis der Schuld als Ehrlichkeit, Aufrichtigkeit, das heißt als Tugend: Sie kehrt sich unmittelbar um in moralische Auszeichnung, die das Besserungswillige und Gute des Subjekts beweist: Sein »mea culpa, mea culpa, mea maxima culpa« erzeugt jene religiöse Tiefenlust, die sich durch Absolution die Wiederherstellung ursprünglicher Unschuld schenkt und sich dabei ins orgiastische Selbstgefühl eigener Transzendenz steigert. Daher das willige und freudige Eingestehen der Schuld: Die Verdoppelung wird abgezogen und konvertiert die moralische Defiziens in ihre eigene Rehabilitation, die sie durch Bußzahlungen ins Werk setzt, um die Schuld zu begleichen – moderner Ablaßhandel als profitorientierte Schuldökonomie. Die befreiende Erfahrung moralischer Nobilitierung mag ebenso süchtig machen wie der eingestrichene Profit. Begeistert erklärt sich die also gereinigte Seele nun bereitwillig für alles und jedes schuldig, um an dieser Arroganz der Schuld den Ausweis ihrer moralischen Exzellenz zu inszenieren – einer Inszenierung, die der Angreifer mit der Moralismuswaffe in der Hand wohlgefällig als seine Siegestrophäe einstreichen kann, ohne das Schuldgefühl der Macht, von Gewalt, Krieg und Unterwerfung, die das moderne Empfinden so sehr belasten. Denn Macht ist dem modernen Subjekt überhaupt moralisch verwerflich. Nur unter dem Deckmantel der Moral, als Moralmacht des Guten, ist sie die »legitime« Gewalt, alles Entgegengesetzte zu vernichten. Auch deshalb muß alles unter das moralistische Ordnungssystem des Guten und Bösen gebracht werden; und an die Stelle von wahr und falsch, von Erkenntnisbegriffen wie Widerspruch, Gegensatz und Kritik treten Affektbegriffe wie Haß, Hetze und Feindschaft, die den öffentlichen Raum durch unterstellte Vernichtungsgelüste aufpeitschen.

Die Wirkungsmacht einer Waffe läßt sich an den Verwüstungen ablesen, die sie anrichtet: Flächendeckende Bombardements mit semantischen Streubomben (Antisemitismus, Rassismus, Sexismus …) durchziehen die Diskurslandschaften mit ihrem moralinen Giftgas und unterwerfen das öffentliche Leben einer allgemeinen Hysterie, die sich in den Bunkern abgesicherten Meinens verschanzt. Die kollektive Befindlichkeit zerfällt in eine rein affektive Unterwerfungsbereitschaft, die sich zu allen bezweckten Verhaltensweisen durchkonditionieren läßt. Die verinnerlichte Selbstzensur, die alle Realitätswahrnehmung durch das Nadelöhr des politisch-moralisch Korrekten zieht, verstümmelt die Wahrnehmung sachlicher Realitäten, die, wo sie Übles sieht, selbst als böse gilt. Sie verleugnet sich im exklusiven Bewußtsein dessen, was sein soll, von dem aber keiner weiß, warum und ob es überhaupt »gut« ist. Selbst Wissenschaften werden durch gedächtnispolitische Gesetzgebungen beschnitten, Universitäten zu posttheologischen Moralanstalten, die, durch pubertierende Gesinnungsmobs von allen konträren Realitätsauffassungen gereinigt, auch noch spezielle Professuren »pro bono, contra malum« einrichten. Die Museen hängen ihre Bilder ab, sei es, weil sie eine böse Herkunft, einen bösen Inhalt oder einen bösen Urheber haben, die den Betrachter mit moralischer Entartung infizieren könnten. Eine moralisch nicht entartete Kunst muß allemal »antiidentitär, antikapitalistisch, antinational« gegen alle »neokolonialen, neoliberalen, patriarchalischen, heteronormativen« Diskurse auftreten (Adam Szymczyk, *documenta* 2017). Die Immanenz des Bösen verbietet alle Transzendenz jenseits von Gut und Böse, wie sie in Kunst und Wissenschaft als Wirklichkeit erinnert werden könnte. Nur im Kampfanzug moralischer Frontsoldaten rechtfertigt sich das moderne Leben noch gegen alles böse Anderssein und -denken, das unabsehbar in ihm aufquillt und als »Volksverhetzung« der Justiz übergeben wird. Was als Recht und Gesetz den Bestand der Rechtsgemeinschaft garantieren soll, wird durch seine Verkehrung zu moralischen Unbedingtheiten zu ihrem Suizid – der Aufhebung aller Bedingungen gesellschaftlicher Freiheit.[16] Die Justiz ersetzt die Theologie – wenn nicht Gott selbst – und opfert das lebendige Rechtsinteresse der Gemeinschaft einer metaphysischen Bewußtseinsintention, die jenseits aller menschlichen Wirklichkeit liegt. Ein grenzenloser Mahn- und Gedächtniskult macht sich breit, der die eigene Geschichte einem moralischen Gerichtshof überantwortet und

16 Vgl. Flaig, *Die Niederlage der politischen Vernunft*, Kap. VII und IX.

die Wiedergutmachung allen Übels einklagt. Zur Not werden Straßennamen geändert, weil der darin Genannte einen moralischen Krümel auf der Weste hat, sein Bild in der Öffentlichkeit gelöscht, um alles Menschliche in der Quarantäne moralischer Sauberkeit einzusperren. Die Herrschaft des Subjekts über das Wirkliche, das sich in der Technologie auf die Beseitigung alles Negativen einschwört, übersetzt sich in den Moralismus, der als psychologische Waffentechnik alles Schlechte und Böse am Menschen ausmerzen soll. So beweist er seine waffentechnische Kraft und Wirksamkeit an der Verwüstung öffentlichen Lebens, das ratlos Ausschau hält nach jenem verbleibenden Rest, der als das Gute selbst versprochen ward.

Aber wie bei jeder Waffe Anwendung und Handhabung gekonnt sein müssen, damit sie nicht nach hinten losgeht, so gilt es auch hier, Einsatz und Reichweite genau auszuloten, um vor Rückschlägen gefeit zu sein. Funktioniert die Kampfwaffe des Moralismus nur unter Bedingungen seelischer Verletzlichkeit, die kulturgeschichtlich erzeugt sind, dann muß sie an kulturgeschichtlich Anderen, denen jede Antenne für solch moralische Geltungsbedürfnisse »werten« und »unwerten« Menschseins fehlt, kläglich scheitern. Waffentechnisch setzt der Moralismus ein kulturgeschichtliches Feld von psychisch Gleichgestimmten voraus, die sich durch wechselseitige Schuld- und Anklageriten ihre Gefechte liefern, um sich auf der Hühnerleiter moralischer Anerkennungen ihre Geltungswerte innerhalb der Gesellschaft zu erkämpfen – des moralisch hierarchisierten Hühnerstalls.

Zur Domestikation der Weltgeschichte muß sich die regional begrenzte Einsatzfähigkeit der Waffe deshalb universalisieren: Der unter den geschichtlich spezifischen: religionsprivativen – Bedingungen entstandene Moralismus kleidet sich ins Gewand von universell geltenden Menschenrechten und erklärt darin die Hegemonialansprüche seines für maßgeblich erachteten Menschseins, die zum ausschließlichen Inhalt seines normativen Begriffs menschlicher Gemeinschaften werden – der »Demokratie«. Damit wird der formale, inhaltlich unbestimmte Demokratiebegriff der Herrschaft der Gemeinschaft über sich selbst inhaltlich mit moralideologischen »Werten« aufgeschwemmt, die bejahen muß, wer als »Demokrat« gelten will. Diese selbst sind keine Sache einer »demokratischen« Deliberation oder Beschlußfassung bestimmter, partikulärer Gemeinschaften, sondern werden von supranational implantierten Funktionärseliten (UN, EU) als absolute Maßgaben gesetzt, die den Erdball in Gute und zu bekämpfende Böse aufteilen. Die Politik wird zum Feld moralischer Kampfhandlungen, die sich durch mentale Unterwerfung Machtgewinne zu erstreiten hoffen: Moral- statt Realpolitik, die sich aus der Illusion nährt, die Weltgeschichte ließe sich durch Schuldbefindlichkeiten wunschgemäß durchkonditionieren. Zur Not hält man ein paar Dollarscheine als Werbeflächen hin und erklärt, der Wohlstand sei der Lohn universalistischer Wertemoral.

Im Feld geschichtlicher Realitäten erweist sich die Rundumwaffe partikulärer westlicher Schießgesellschaften aber ohne echte Durchschlagskraft. Der waffentechnische Einsatz des Moralismus wird hier leicht kontraproduktiv, wie mitunter schon im Binnenfeld von Gleichgestimmten, die sich durch selbsteigene Bildung gegen alle moralinen Giftpfeile immunisiert haben: Er fordert zur vehementen Gegenwehr heraus, wo er an der Selbstachtung von Einzelnen oder ganzen Gemeinschaften abprallt, die sich dergleichen zugemutete Erniedrigung nicht gefallen und auch vom »Dopplereffekt« nicht beeindrucken läßt. Der Moralismus wird damit geradezu zum Test, der die erkenntnisstarken, freien Geister von den erkenntnisschwachen Kollektivseelen aussondert und scheidet: Er wird zum Prinzip gesellschaftlicher Selektion von selbstdenkenden Einzelnen und heteronomer Masse, die sich im Kampffeld wechselseitiger Diffamierungen herumbalgt; von Ressentiments und Gehässigkeiten, die verinnerlicht zu jenen seelischen Verwüstungen führen, die das zwischen Über-Ich und Es zerquetschte Ich ins Lazarett therapeutischer Sanitätsdienste tragen. So führen die Kriegsschäden des Moralismus zur Inflation der Psychotherapien, Mediationen, Heilsbesprechungen und religiösen Ersatzhandlungen, in denen die Zerrissenheit von Sein und Sollen, Wirklichkeit und Illusion geflickt wird.

Die Waffe des Moralismus hat so ihre eigene Logik. Sowohl intra- als auch interkulturell wirkt der Moralismus gemeinschaftsspaltend – und nicht gemeinschaftsbildend: Als machtstrategisches Herrschaftsinstrument kennt er keine andere Sprache als die missionarischer Bekehrung und Unterwerfung, beschwörend das eigene Gute, verteufelnd alles andere; und wo man die Anderen mit Schuld- und Schamgefühlen nicht kleinkriegt, sich gefügig macht und unterwirft, werden sie als Verwerfliche ausgestoßen und isoliert, damit sich keiner mit ihnen solidarisiert: Wenn nicht Schuld und Scham, so soll doch zumindest die Angst regieren, von der Gemeinschaft ausgeschlossen, verfemt und mit Bann belegt zu werden.

Was dem eigenen Machtzuwachs dient, spaltet menschliche Gemeinschaften intra- wie interkulturell in Feindseligkeiten, die sich unversöhnlich gegenüberstehen. Der Moralismus erweist sich als eigene Form der Gewalt, die sich wie ein Lauffeuer exponentiell zum Krieg aller gegen alle entfacht. Denn er enthält in sich selbst das Prinzip seiner Übersteigerung in den Rüstungswettlauf eines moralischen *overkills*: Indem das moralische Schuldgefühl den Menschen in seiner Nichtigkeit entblößt, bricht es seine natürliche Selbstbejahung in den Widerwillen gegen sich selbst. Damit erzeugt es in sich das Ressentiment menschlicher Erniedrigung, von dem sich der Mensch nur dadurch befreien kann, daß er sich seiner entäußert, also die Schuld in moralische Anklage umkehrt. Der moralisch Verletzte wird selbst zum moralistischen Angreifer: Er befreit sich im Anklagen von seinen Schuld- und Nichtigkeitsgefühlen und wird selbst zum Moralisten. Indem er sich die Waffe, der er erlag, nun selbst aneignet, um alle Welt seinem moralischen Anklagen zu unterwerfen, rächt er sich für seine Erniedrigung. Dem moralistischen Verfolgungswahn sind nun alle gleichermaßen »schuldig«, die Schuld als Verkommenheit des Menschen eine allgemeine, allen gemeinsame, die ihn von seiner vereinzelten Nichtigkeit als dieses partikulär stigmatisierte Subjekt freispricht und als moralischen Generalinquisitor zugleich über alle Anderen, die noch ungebrochen in sich selbst bejahender Selbstachtung verharren, zur geläuterten Tugendhaftigkeit erhebt. Daran aber haben wir den Ursprung, gewissermaßen die Geburtsurkunde des Moralismus: Er gebiert sich aus dem Ressentiment schuldaffizierter Nichtigkeitsaffekte menschlichen Selbstseins als Rache an allen Formen menschlicher Selbstbejahung und Selbstachtung. Darin ist er seine eigene indefinite Propagierung zur Gesamtbefindlichkeit epidemisch sich ausbreitender Anklagekultur, die sich an jedem moralisch Verletzten wie von selbst reproduziert. Als massenepidemisch sich ausbreitende innere Selbstvergiftung des Lebens erzeugt sich die moralische Tollwut (*rabies moralis*) in jenem Typus von kleinen, geistlosen und unfreien Menschen, die nur in der eifrig geifernden Meute einer Armee von Giftzwergen stark sind und in fanatischer Besessenheit die Angst au(s)schwitzen, die sie selbst befallen hat.

Es drängt sich damit fast schon von selbst eine entwicklungspsychologische Hypothese auf, die den seit den 1990er Jahren dramatisch zunehmenden Moralismus öffentlicher Diskurse mit der nachkriegsgeschichtlich verstärkten Forderung universeller Gewaltfreiheit korreliert, die im pädagogischen Bereich alle physische Bestrafung in Form von körperlicher »Züchtigung« mit dem Bann belegt. Denn was tritt an ihre Stelle? Die psychische Verletzung durch Liebesentzug, Geltungs- und Anerkennungsverweigerung, seelische Erniedrigung und Verachtung: »Du taugst nichts! Bist nichts wert! Ein schlechtes, verächtliches Wesen, schäm dich! ...« Die psychologische Verletzung hält sich physisch gewaltfrei; sie verfährt mit rein symbolischen und sprachlichen Gesten und erzwingt durch Schuld- und Schamgefühle eben jene erwünschten Einstellungs- und Verhaltensänderungen, die vormals erprügelt wurden. Die psychologische Verlagerung der Grausamkeit in die Innerlichkeit wirkt nachhaltiger und mag sich auch dies als zivilisatorischen Fortschritt anrechnen. Er muß damit gerade jene moralische Empfindsamkeit defizienter Selbstgefühle fördern, die sich dann im öffentlichen Moralismus des Anklagens und Beschuldigens austobt, das heißt sich durch Entäußerung von sich zu befreien sucht. Unter solchen Bedingungen psychischer Verletzungsriten mag eine Generation von Klägern und Anklägern erzeugt werden, die den öffentlichen Raum aus ihrer subjektiven Gefühlswelt heraus mit Schuldwellen überfluten. Wenn darauf dann in einer pädagogisch dritten Phase auch noch auf alle psychische Verletzung verzichtet und ein vorbehaltsloser Blankoscheck des Gutseins ausgestellt wird (»alles, was du machst, ist super, toll, klasse, megageil«), dann dürften sich daran auch Unmündigkeit, Realitätsangst und Wunschdenken zu einer moralischen Selbstherrlichkeit steigern, die an der Öffentlichkeitsmacht des moralisch Korrekten die Bühne ihrer Selbstinszenierung findet. Denn sie erlaubt nun, die unterschwelligen Schuldgefühle, gar nicht »so supertoll« zu sein, zu verdrängen und die verspürten eigenen Defizite durch öffentliche Selbstinszenierung zu übertünchen. Die pädagogische Ratlosigkeit um das auszubildende Menschsein spiegelt sich dann in funktionalen Störungen gemeinschaftsbildenden Verhaltens – der Illusionswelt von Ich-AGs und Egotrips, die nur in der Therapie überlebt. Die Idealität moralistischer Unbedingtheiten gesteht man der Jugend gerne zu, sie gehören zur postpubertären Orientierungsphase des Lebens. Pflanzen sie sich bis ins hohe Alter fort, dann vielleicht, weil der Mensch nicht mehr reift und an den Realitäten wächst, sondern nur noch alt wird. Die Selbstmacht wirklichkeitsbezogenen und erkennenden Menschseins verstümmelt und erzeugt jenes Heer von pubertierenden Greisen, die in symbolischer Selbstwiederholung kreisen.

Die Psychoanalyse bietet weitere Hypothesen an: Die Moralinstanz des Über-Ichs sei eine Abspaltung des Es, der sexuellen Triebenergie. Womit Freud eigentlich sagen will, daß das Moralische eine sexuelle Lust enthält, die sich leibhaft im Sadomasochismus auslebt, der lustvollen Selbst- und Anderenquälerei. Symbolisch verdrängt kehrt sie im Moralismus zurück. Der Moralismus wäre also eine sexuelle Ersatzhandlung und die moralische Lust die transfigurierte Sexuallust, zu vergewaltigen und vergewaltigt zu werden – ein Lustgewinn aus sprachlich transponierter Eroberung und Unterwerfung, Verachtung und Erniedrigung, die aus der Verdrängung sadomasochistischer Sexualität und ihrer Transposition ins Symbolische resultierte: Im Moralismus bejahte sich eine verdrängte Sexualität, und wie diese ihre Stimulantien aus Vulgarität, Obszönität, Verachtung, Gewalt und Erniedrigung bezieht, so bezieht auch der Moralismus seine Aufreizung und Erregung aus der Sphäre von Beleidigung und Beschimpfung, Tabubrüchen und Häßlichkeiten: »Diskriminierungen«, die eine quasisexuelle Empörungslust generieren, die sich wiederum im orgiastischen Rausch entgegengesetzter Haß- und Hetzreden entlädt (»ejakuliert«). Er reproduziert in symbolischer Mimesis den sexuellen Machtrausch des Lebens, das aufreizende Andere niederzuwerfen und es mit der eigenen Lust zu durchdringen; und was er als die verdrängte Geschlechtlichkeit der Vergewaltigung widerspiegelt, ist nichts anderes als die sexuelle Reizsphäre von Gewalt und Hilflosigkeit, Übermächtigtwerden und Ausgeliefertsein. Im Moralismus verleugnet sich der Liberalismus sexueller Befreiung – aus Scham; und begeht deshalb in mimetischer Transposition die Rückkehr seines verdrängten Ursprungs. So wäre die Universalmoral nichts als der symbolische Sexualakt universeller Vereinigungs- und Kopulationslust – die tiefe metaphysische Sehnsucht von Herrschaft und Unterwerfung zum Untergang im kollektiven Rausch des Lebens.

So weit die Hypothesen. An ihnen läßt sich die grundlegende Einsicht in den nihilistischen Charakter des modernen Moralismus noch einmal abvariieren: Geht man davon aus, daß die Aggressivität des Menschen eine weltgeschichtlich *grosso modo* konstante psychische Größe ist, dann muß die Verminderung physischer Gewalt zu einem entsprechenden Anstieg symbolischer Gewalt führen, deren waffentechnisches Spitzenprodukt eben der Moralismus ist: Die symbolische Vernichtung des Anderen im Namen des Guten ist das Gute selbst und damit die gesellschaftlich legitimierte Abfuhr aller negativen Gefühle, von Frustrationen und Ressentiments, Versagensängsten und Minderwertigkeitsgefühlen, Schuldkomplexen und Rachegelüsten, die, auf ein Objekt projiziert, diesem selbst als ethische Negativität, als Haß, Hetze und Vernichtungswut unterstellt werden. Von daher wird der aus der Selbstkontamination schuldhafter Minderwertigkeit erzeugte Moralismus zur allgemein legitimierten Praxis öffentlicher Gehässigkeit, von Haß und Hetzreden, Beleidigungen, Verfemungen und Diskriminierungen, um den ganzen Schutt und Abfall der verwahrlosten Seele unter dem Anschein des Guten als berechtigte Entrüstungen gegen »das Böse« abzulassen, das sie als ihren phantasmagorischen Widerschein selbst erzeugt, um an der Vergiftung der Öffentlichkeit ihren Machtwillen enttäuschten Lebens auszuleben. Die generalisierte Schwäche und Ohnmacht des modernen Subjekts, mit seiner realen Negativität umzugehen, deckt sich mit der symbolischen Gewalt moralistischer Fanatismen zu. Der Moralismus entstammt damit derselben Quelle wie all die hilflosen Versuche, die unaufgelöste Negativität der modernen Seele psychotherapeutisch, esoterisch, spirituell usf. zu kompensieren, um sich vor der eigenen Destruktivität zu retten: Als Phantasma menschlichen Heils gehört er zur allgemeinen Ideologisierungswelle der Moderne, die sich von ihrer nihilistischen Grundstruktur zu erlösen versucht. Gelingt ihm dies?

Nun war die Umkehrung der Waffe gegen den Angreifer immer schon eine beliebte Strategie. So wird der Moralismus, das unfreie, innerlich vergiftete Leben, das schon von sich her auf seine Selbstauslöschung aus ist, zum freudigen Suizid, bietet er doch allen möglichen moralisch artikulierten Ansprüchen die offene Flanke dar. Im Namen der universellen Menschenrechte läßt sich ihm alles abverlangen: die Freiheit im Moralischen und Religiösen, in Meinungen und Weltanschauungen, Sitten und Gebräuchen, in der freien Ortswahl und Niederlassung für ein subventioniertes »menschenwürdiges« Leben, dessen »Würde« nun beliebig aufgepolstert und von »Ungerechtigkeiten« abgegrenzt werden kann. Ist der Moralismus doch selbst die Einladung, alle Begehrlichkeiten in Rechtsansprüche umzuwandeln, deren Verweigerung nun als »Unrecht« erscheint. Indem er all dem nichts mehr entgegenzusetzen weiß, steht er schutz- und wehrlos da; es fehlt jegliche Abwehrtechnik, durch die er sich seiner Übermächtigung noch erwehren könnte. Die universell deklarierte Gewaltfreiheit wird zum Unvermögen der Ab- und Gegenwehr, zur Ohnmacht gegenüber der Beliebigkeit von willkürlichen Ansprüchen, die im Namen des moralisch Guten zu »Rechten« umdeklariert werden. Der »Andere« wird als sakralisierter Mitmensch zum Unangreifbaren; und der »Flüchtling«, der Hilfsbedürftige, das Opfer an sich und überhaupt, zur genialsten Erfindung der Waffentechnik gegen den Moralismus: Sie zwingt ihn unter seinen eigenen Bedingungen in den ökonomischen und gesellschaftlichen Ruin, den freudigen Suizid kultureller Selbstauflösung in der metaphysischen Idealität des Guten, die im aufopfernden Untergang noch ein fernes Heiligkeitsleuchten aufglimmen läßt. Der Moralist ist damit in gewisser Weise dasselbe wie der Terrorist, seine Transposition in die Sphäre symbolischer Gewalt – ein Terrorist der Seele, der sie mit Gehässigkeiten gegen sich und andere verwüstet. Auch er sucht die Selbstaufopferung für ein »Höheres«, »Immaterielles«, »Ewiges«, den freudigen Untergang im »Metaphysischen«, der ihn von aller Daseinsschuld und Nichtigkeit erlösen soll. Bereit, dem alle menschlichen Verhältnisse zu opfern, ist er als »Seelenterrorist« das verinnerlichte Spiegelbild seines gröberen physischen Bruders, mitunter neidisch schielend auf dessen handfeste Gewalttätigkeit, um alles Üble aus der Welt zu sprengen – wozu er dann verzweifelt nach

»moralischen« Gründen sucht. Wo er sie findet, feiert er seine Auferstehung als »Antifa«.

Im Feld geschichtlichen Machtstrebens ist der Moralismus der Strick, an dem sich die politische Vernunft selbst aufhängt. Während der Moralismus binnengeschichtlich die Nichtigkeitsaffekte einer nihilistisch erodierenden Daseinskultur in den Diffamierungskult von Ressentiments und Gehässigkeiten entlädt, bietet er sich interkulturell der Selbstverpflichtung zum Untergang an, wo ihm Andere, selbstaffirmative und moralisch Unangekränkelte die Waffe aus der Hand nehmen und sie gegen ihn umkehren: Die Moralideologie universeller Werte wird zum Himmelsfahrtskommando liberaler Gesellschaften, die sich ihrer geschichtlichen Grundlage entfremdet haben. Der moralideologisch vergiftete Mensch kollabiert an seiner Schuldbesessenheit: Indem sie ihm alle vitalen Grundinstinkte auflöst, wird er zum Selbstvernichtungsangebot, zur Einladung, abgeschossen zu werden, um sich als Leiche überlegen zu fühlen. Metaphysik der Postmoderne eben. Wo der Moralismus mit sich – seiner Selbstvergiftung – Ernst macht, ist er suizidär; wo er strategisch als das bloße Spiel um Macht gemeint ist, sich geopolitische Wirtschaftsräume zu erzwingen und sie seiner Vorherrschaft zu unterwerfen, darf er sich nicht ernst nehmen. Der Moralismus überlebt nur als Selbstverstellung und Heuchelei – in jedem anderen Fall wird er zur suizidären Selbstbegeisterung geschichtlich überlebten Daseins. Woraus die meisten schon längst die Klugheitsregel gezogen haben: Man soll sich nur so viel Moral leisten, daß man sich dadurch nicht selbst in Gefahr bringt.

Und was ist nun jenseits des Moralismus? Wirklichkeit, Freiheit, Gesundheit, Lachen.

DAS VERSAGEN DER MORALPOLITIK UND DIE PARADOXIEN DER MIGRATION

Alle gesellschaftspolitischen Diskurse sind normative Diskurse, die das Gute und Schlechte, das Sein-sollende und Nicht-sein-sollende zum Thema haben und diese als Maßgaben politischen Handelns geltend machen. Woher aber schöpfen sie ihre Überzeugungen und Einsichten in das Gute und Sein-sollende, das Schlechte, Üble und Böse, das nicht sein soll? Unmittelbar ausgesprochen werden geschichtliche Befindlichkeiten, die aus einer kollektiven Erfahrungsgeschichte resultieren; ob und in welchem Ausmaße sie sich zu einer »politischen Vernunft« ausklären, die den Umgang mit der Negativität menschlicher Realitäten vermag, hängt auch davon ab, inwiefern sie die Genese ihres affektiven Untergrunds kritisch reflektieren.

Als ein Subjekt politischer Diskurse hat sich nun zunehmend in die Öffentlichkeit gedrängt, was man einen »Gutmenschen« nennt: Er stellt sich in all seinen gesellschaftspolitischen Aussagen als das Gute selbst dar. Ihm gilt die erste Analyse, nachdem die Bezeichnung zum »Unwort« des Jahres 2015 erklärt wurde – von »Gutmenschen«, versteht sich, die sich dadurch in ihren politischen Geltungsansprüchen herabgesetzt und beleidigt fühlen. Die zweite Analyse gilt der politischen Wirklichkeit, die »Gutmenschen« mit ihrer »Willkommenskultur« inszenierten, um die Verwirklichung des Guten, das sie selber sind, auch für die politische Gemeinschaft umzusetzen: Das Unwort realisiert sich als Untat.

Nicht erst die gesellschaftlichen Verwerfungen, zu denen dies führte, sondern schon die politische Grundhaltung, die sich darin aussprach, gab Anlaß und Grund genug, nach der politischen Vernunft zurückzufragen, die dabei als das maßgebliche Subjekt gesellschaftspolitischer Diskurse in Anspruch genommen wird. Das Defizit an politischer Vernunft und Rationalität, überhaupt das Unvermögen politischen Denkens, das dabei zutage tritt, hat es wesentlich damit zu tun, daß moralische Postulate, die dem Bereich individuellen Handelns angehören, auf den ganz anderen Bereich der Politik, die es mit den Verhältnissen der Gemeinschaft zu tun hat, übertragen werden: was logisch gesprochen eine kategoriale Verwechslung unterschiedener Bereiche (*metábasis eis állo génos*), ethisch gesprochen eine moralistische Vergewaltigung der Allgemeinheit darstellt. Das ethische Subjekt überantwortet seine Moral dem Staat, der stellvertretend eben das ins Werk setzen soll, wozu es selbst unfähig – oder nicht willens ist. Die moderne Erosion des Ethischen kompensiert sich durch Moralismus, der durch staatliche Autorität eben jene absolute Verbindlichkeit erhalten soll, die einst durch die religiöse Transzendenz gewährleistet wurde. Der moralistische Diskurs des »Gutmenschen« bleibt deshalb – wie seine totalitären, sozialistischen und faschistischen Vorgänger, ein postreligiöses Phänomen, das aus dem nihilistischen Religionsschwund der Moderne resultiert und die geschichtliche Befreiung von der Religion in regressiven Moralismus verkehrt: die neue Maulkorbwelt des »politisch Korrekten«.

In den Blick treten damit die Paradoxien der Migration, ihrer weltpolitischen Verklärung (UN-Pakt) und ihrer nationalen Integrationsaporien, die jeden Begriff politischer, das heißt gemeinschaftsbezogener Vernunft aufheben. Als Handwerk der produktiven Organisation ethischer Gemeinschaften in Rechtsverhältnissen untersteht sie keiner subjektlosen Universalmoral, die supranational institutionalisiert wird, sondern der geschichtlichen Pragmatik von ethischen Realsubjekten im Umgang mit gesellschaftlicher Negativität. Die Entideologisierung des Politischen arbeitet damit an der interkulturellen Befreiung politischen Denkens, die an der Differenz kulturgeschichtlich gebildeter Realsubjekte den Spielraum menschlicher Koexistenz auslotet.

1. Analytik des Gutmenschen

Man beklagt, kritisiert und verurteilt, daß helfende, tolerante und weltoffene Menschen als »Gutmenschen« diffamiert werden. Aber stimmt dies, und wenn ja, warum? Als neuere Beleidigungskategorie hat das

»Gutmenschentum« zunehmend Eingang in den politischen Diskurs gefunden. Was aber meint »Gutmensch«? Nietzsche notiert, er sei »gutmüthig, leicht zu betrügen, ein bischen dumm vielleicht, un bonhomme«, und so zeige »die Sprache eine Neigung, die Worte ›gut‹ und ›dumm‹ einander anzunähern« (*Jenseits von Gut und Böse*, Nr. 260). Zuerst steht nur ein bestimmtes Naturell im Blick, eine gefühlsmäßige Disposition, die eine gewisse gemüthafte Benommenheit (Blödigkeit) sachlicher Urteilskraft auszeichnet, die alles so schlicht und einfach nimmt, wie es ihr das Gefühl eingibt. Man sprach dann von »Blödmann« oder nannte es »dämlich«. Ein schlichtes, einfältiges Gemüt, das an allem Realen nur das Gute sehen will, steht auch der Negativität menschlicher Verhältnisse eher wehrlos gegenüber und weiß nicht mit ihr umzugehen. Es ist diese gutmütige und mental leicht debile Verfassung, die man auch dem Gutmenschen als seelische Prädisposition unterstellt, aber erst dort als »Gutmenschentum« diffamiert, wo sie ethisch-politische Ansprüche stellt und als maßgebliches Subjekt gesellschaftspolitischer Diskurse auftritt. Eben deshalb fühlt sich einer auch beleidigt – seine gesellschaftspolitische Meinung wird nicht ernst genommen und für eine naive Kinderei gehalten. In »Gutmensch« liegt der Vorwurf, subjektive Befindlichkeiten als moralische Ansprüche zu artikulieren und zum Maß politischer Vernunft zu erheben: Der »Gutmensch« ist mehr im Idealischen und Sein-sollenden zentriert als im Realen und Faktischen, ein tendenzieller Jasager, der sich gern vor aller Anstrengung sachlichen Unterscheidens, Verneinens und Entgegensetzens bewahrt. Zwar hat er gegenüber seinem Gegensatz, den wir nun den »Bösmenschen« nennen, einen signifikanten Moralitätsvorteil, insofern das Gutmütige ja den Anschein des allen gemeinschaftlichen Guten hat. Der Bösmensch aber hat ihm gegenüber einen entscheidenden Rationalitätsvorteil, indem er den negationslogisch differenzierenden Umgang mit der Negativität des Realen pflegt und sich weniger um seine gemüthafte Ausgeglichenheit in kollektiver Gleichbefindlichkeit sorgt.

Als neue Beleidigungskategorie bezeichnet »Gutmensch« also eigentlich den »politischen Trottel«, der aus idealischem Gefühl heraus nicht Nein! sagen, unterscheiden und Gegensätze austragen kann und mangels dieser differenzierenden Negationsmacht ein habituell gewordenes

Unvermögen repräsentiert, mit der realen Negativität menschlicher Verhältnisse umzugehen: Das Wegdeuten, Verdrängen, Ableugnen und Schönreden realer Negativität und damit die konstitutive Störung sachlich differenzierender Realitätswahrnehmung wäre also *ein* Grundzug des Gutmenschen: Er findet alles gut, läßt alles zu und hat an dieser gegensatzlosen Offenheit seine »Liberalität« und »Toleranz«. Seine Grundüberzeugung: »Wenn ich nichts negiere, unterscheide und entgegensetze, bin ich frei von aller Negation und in dieser Negationsfreiheit auch bar alles Negativen; und da ich selbst nicht mehr Gegensatz, ein negierender Anderer bin, kann auch der Andere an mir keinen Gegensatz mehr finden und sich negierend zu mir verhalten. Es neutralisiert seine Negativität, bis sie sich gänzlich auflöst – ins allseits Gute, das wir doch letztlich alle sind.«

Dieses Erlösungsmodul des Gutmenschen zur Befreiung des Menschen von aller Negativität liegt aber ganz im Gefühl, der affektiven Befindlichkeit negationsfreier Güte, die sich nun als idealisches Postulat negationsfreien Seins an beliebigen Realitäten zu schaffen macht. Daran erfährt er aber ihre Widerständigkeit, sich nicht so ohne weiteres entnegativieren zu lassen. Was ist schuld daran? Das Negationsverhalten der Menschen –, und dieses gilt es in erster Linie zu tilgen. Womit und wodurch? Durch die Totalität des Gefühls, das die Idealität des Guten als Sein-sollendes in sich birgt. Der Affekt gibt das Gute als Unmittelbarkeit der Befindlichkeit; unvermittelt durch den Gegensatz bleibt es, in sich labil, die bloße Eingenommenheit durch das Gefühl eines Heilvollen, das bewußt- und reflexionslos rein suggestiv vereinnahmt. Anders als das negations- und widerspruchsfreudige Erkenntnisverhalten der Vernunft, das seine sachlichen Einsichten nur im Durchgang durch die Gegensätze als reale und in sich gefestigte Überzeugungen gewinnt, konstituiert sich das Gefühlsgute als labile, in sich ungefestigte Totalität, die sich zu dem entgegengesetzten Anderen deshalb nur affektiv als totalitäre Ausschließlichkeit verhalten kann. Unvermögend, den Gegensatz zu verarbeiten, wo es ihn nicht in sich umzuzaubern vermag, fanatisiert es sich zur Verfemung alles anderen als zu vertilgendem Un- und Widermenschlichen, das der Vernichtung anheimzugeben sei. Das Negationsverhalten des allseits negationsfreien »Liberalen« und

»Toleranten« kann nicht anders als »totalitär« sein: Es negiert affektiv durch ausschließende Herabsetzung, Diffamierung und Verächtlichmachung und konstituiert an diesem dialektischen Umschlag zum Vernichtungs- und Vertilgungswillen den anderen Grundzug des »Gutmenschen«: den Moralfanatismus des »politisch Korrekten«, der seinen eigenen negativen Affekt auf alle anderen überträgt und an ihnen nichts als menschenverachtenden Haß und Hetze – das »Böse« – sieht.

Erst beide Grundzüge zusammen machen den Gutmenschen aus: Keiner ohne den anderen, und nur ihre unauflösliche Einheit macht den Gutmenschen zum Ärgernis seiner Mitwelt, das sie ihm in Spott und Hohn zurückgibt – eben als die Beleidigungskategorie »Gutmensch«. Sie bezeichnet die Arroganz des *ausschließlich* Guten, die affektiv alles Andersdenken als böse und verwerflich ausgrenzt. Es sind also genau genommen zuallererst die »Gutmenschen«, von denen die ethische Diffamierung aller anderen ausgeht; erst als Reaktion auf diese Vereinnahmung des Guten entsteht die neue Beleidigungskategorie »Gutmensch«. Es sind die »Bösmenschen«, die sich an dem Entmündigungsversuch ihrer sachlichen Urteilskraft rächen und die exklusive Affektgüte als »Gutmenschentum« bespötteln: Die beleidigte Sachlichkeit des Denkens revoltiert gegen das, was ihr durch moralische Gefühlsdogmatik zugemutet wird: die Verleugnung ihrer Realitätserfahrung durch moralistische Selbstzensur, die neue – im Namen des negationsfreien Guten verhängte – Unfreiheit des Denkens. Das »politisch Korrekte«, verinnerlicht zur Selbstzensur der Realitätswahrnehmung, erzieht zu Heuchelei und Selbstverstellung. Über ihr schwebt die Angst, aus der Konsensgesellschaft ausgeschlossen und als Unmensch gebrandmarkt zu werden. Damit entfaltet sich das »Gutmenschentum« zur massenpsychologischen Befindlichkeit, die als maßgebliches Subjekt gesellschaftspolitischer Diskurse auftritt: Als Erscheinungsform des »Zeitgeistes« bewegt es sich ganz im dialektischen Widerspiel von Liberalität und Moralfanatismus, angereichert durch eine neopuritanische Lebenshaltung ritueller Verhaltensregeln und veganer Luxusaskese, hin- und hergetrieben zwischen beliebigen Entgrenzungen, Vulgarität für Freiheit haltend, und neuen Maßregelungen, mit denen sich eine hypersexualisierte Welt selbst die Moralpeitsche gibt – wie im Sexismusvorwurf. Aber woher das alles?

Welches sind die geschichtlichen Konstitutionsbedingungen kollektiver Befindlichkeiten, die sich im »Gutmenschentum« verdichten? Versuchen wir eine Ableitung dieser zeitgeistigen Befindlichkeit.

Erstens: Wie sich unschwer ausmachen läßt, hat die dialektische Kontamination des Gutmenschen: daß er das Totalitäre und Faschistoide, gegen das er aufsteht, selbst inkarniert, ihren Grund im Affektiven einer psychischen Verfassung, deren geschichtliche Formation in der Katastrophenschuld der totalitären Ideologien der Moderne wurzelt. Denn es sind die totalitären (sozialistischen und faschistischen) Ideologien der Moderne, die den neuzeitlichen Religionsverlust – den Verlust einer allgemeinverbindlichen Daseinsorientierung – überkompensieren, indem sie die freigewordenen religiösen Energien in ein neues Heilsprojekt kollektiven Menschseins bündeln. Indem sich dieses als reine Vernichtungsgewalt zu allem Anderssein verhält, führt es die menschlichen Gemeinschaften in Ost wie West in die Katastrophe. Ihre Diktaturen waren als Heilsideologien religionssubstitutiv, ihr Untergang deshalb mit traumatischer Schuld verknüpft. Die Katastrophenschuld konstituiert als kollektives Trauma die massenpsychologische Befindlichkeit, die nach dem Fall der Mauer und damit der ideologischen Endauflösung vormaliger Gegensätze in die durch die totalitäre Erfahrung gesteigerte Orientierungslosigkeit zurückfällt: Sie etabliert sich nun als neoliberale Befreiung von allen Grenzen und Maßen. Die Liberalität der Verhältnisse erfährt sich darin aber selbst als schuldhafte; denn das religionsgeschichtlich freigesetzte Vakuum maßgeblicher Lebensorientierung kehrt potenziert zurück und erzeugt das Schuldgefühl der eigenen Maßlosigkeit, das sich durch den Enthusiasmus der Beliebigkeiten einer technologischen Kunstwelt und ihren ökonomischen Glücksversprechen nur ablenken und betäuben, nicht aber auflösen läßt.

Zweitens: Dabei verdichtet sich die unterschwellige Katastrophenschuld zum »Nazikomplex«: Denn obgleich sich die realgeschichtlichen Katastrophen, die von Links- und Rechtsideologie verursacht wurden, einander in nichts nachstehen, findet alles »Linke« nun sein Asyl im Schutzraum christlicher Mitleidskultur und Gerechtigkeitsethik, während das »Rechte«, in seiner äußersten Vernichtungsgewalt repräsentiert durch den Nationalsozialismus, zum Inbegriff des Bösen wird, der alle

Verwerflichkeiten in sich absorbiert. Es ist dieses affektive Trauma, das sich nun in der Befindlichkeit orientierungsloser Liberalität geltend macht und ihre Maßlosigkeit durch den Moralfanatismus politischer Korrektheit überkompensiert, also nicht nur behelfsweise einen Halt und ein festes Maß im Meer ausufernder Beliebigkeiten bietet, sondern den Ideologieverlust unter den Bedingungen eines affektiven Traumas gegenideologisiert. Daher das Fanatische, das von ganz denselben psychischen Energien ideologischer Ausschließlichkeitslogik getragen wird. Deshalb hat das sogenannte »politisch Korrekte« auch keinen anderen Inhalt als das im »Nazikomplex« konsekriert Verfemte – »Rassismus«, »Antisemitismus«, »Ausländerfeindlichkeit« usf. –, also im Grunde affektgeladene Leerintentionen, die als indefinit variable Bedeutungsredundanzen irgendwie alle dasselbe meinen und beschwörend evozieren: das »Nazi-Gespenst«. Das Gute des »politisch Korrekten« hat keinen anderen als einen negativen Inhalt – es reicht, etwas *nicht* zu sein, um gut zu sein. So einfach war Gutsein noch nie, so leicht noch nie, die politische Parallelität von Rechts und Links in ein ethisch-moralisches Wertungsgefälle aufzulösen: Wenn »Links« nicht mit Gulag, stalinistischen Schauprozessen und Exekutionskommandos, »Rechts« aber mit KZ und Judenvernichtung assoziiert wird, dann ist das eine psychologische Meisterleistung der Verschiebung, die an die Stelle ihrer Gleichgewichtigkeit ein moralisches Wertungsgefälle durchsetzt, das einen rein religionsideologischen Hintergrund hat: die christliche Sozialethik, die als sakrosankte Inkarnation des Guten ihr mildes Licht auf »die Linke« ausstrahlt.

Drittens: Hinzukommt, daß die »katholische« Allgemeinheit menschlichen Heils in den sozialistischen Begriff des »Internationalen« übergeht, der als geschichtsmetaphysisch antizipiertes Endziel der Befreiung des Menschen von allen ethnischen und kulturspezifischen Besonderheiten zum Gleichheitsideal allgemeiner »Humanität« erhoben wird. Das »Antinationale« wird damit zum konstitutiven Moment des Alleinheitstraums universaler, von allem Übel erlöster Menschheit und findet im Menschenrechtsdiskurs seine ideologische Fixierung, in der sich das gutmenschliche Erlösungsmodul wiederholt: Denn durch seine ethnisch-kulturelle Identität grenzt sich einer gegen den Anderen aus – und entfaltet daran seine Negativität. Ihre Aufhebung wird damit zum weltgeschichtlichen Imperativ, die »Ungleichheit« der Menschen im Ideal abstrakter Gleichheit zu beseitigen, wie es der sozialistischen Verinnerlichung christlicher Mitleidskultur und Gerechtigkeitsethik entspringt, um die »Gleichheit vor Gott« ins Realgeschichtliche hinüberzusetzen. »Kultur«, »Interkulturalität«, überhaupt Differenzbegriffe geschichtlichen Menschseins werden damit zu negativen Begriffen, das »Nationale« zum Übel der geschichtlichen Wirklichkeit, die nach ihrer Erlösung im geschichtslosen Gleichsein aller strebt: der quasiuniformen Fabrikware »Mensch«, die sich von allen identitätskonstituierenden kulturgeschichtlichen Besonderheiten befreit und sie als Übel hinter sich gelassen hat. Die Aufhebung aller »Ausgrenzungen« wird damit zum Programm »totaler Inklusion« qua Unterscheidungslosigkeit: dem neuen Ideal allgemeinen, aller Besonderungen entledigten Menschseins.

Viertens: Damit findet der postromantische Gefühlspantheismus (»Seid umschlungen, Millionen!«) im Feld der politischen Linken seine eigene theoretische Artikulationsebene: Der allgemeine Menschenrechtsdiskurs wird zum Heilsversprechen, der sich am Diskriminierungsverbot – der Ächtung des Unterscheidens – die Basis der Ideologie »politischer Korrektheit« verschafft. Denn »Unterscheiden« wird nun rein moralistisch verstanden als »Herabsetzen« und verdammt jede Besonderheit als Übel, so konstitutiv sie für menschliche Realitäten auch sein mag. Aber im Moralischen hat »Realität« kein anderes Recht, als ins Sein-sollende aufgehoben zu werden: In der Welt des Sein-sollenden gibt es nur Postulate, aber keine Erkenntnisrealitäten. Daher der Konformitätsdruck der Gleichschaltung aller intellektuellen und politischen Diskurse, den das »politisch Korrekte« durch affektive Diffamierung allen Andersdenkens flächendeckend auszuüben sucht: Getragen von der affektiven Stimulation einer medialen Aufregungskultur, verkehrt sich die sachoffene Widerspruchskultur zum stereotypen Diffamierungskult, der als Internet-SS (»Shit-Storm«: die Vulgarität des Ausdrucks ist Programm!), als »Entrüstungsgehabe« und »Empörungswelle« sein Unwesen treibt und nur von Vereinnahmung lebt, nicht aber aus kritisch reflektierender Sachlichkeit. Die Hysterie erklärt nun das Zigeunerschnitzel, den Zwarten Piet oder den Mohren Othello für rassistisch.

Aber die physische Gewalt einstiger Ideologien hat sich nun – wenn wir einmal vom Moralfanatismus linksautonomer Gewalt absehen – auf die rein symbolische Ebene des Sprachlichen verlagert und hält sich an allem unschuldig: Der Gutmensch ist gewaltfrei, pazifistisch – gut. Er liquidiert nur symbolisch, indem er den Bann ausspricht und die Andersdenkenden zu »Unberührbaren« erklärt.

Die allgemeine Befindlichkeit, die sich als massenpsychologische Grundlage des Gutmenschentums herausbildet, synthetisiert so auf ihre Weise die geschichtlichen Erfahrungen des 20. Jahrhunderts: Das geschichtliche Trauma blüht aus in Phantasmagorien, an denen sich die panische Angst auslöst, das traumatisch verinnerlichte Böse selbst zu sein; und kehrt sich um in die Zwangsneurose des Guten, die sich in der Hysterisierung öffentlichen Lebens niederschlägt, seiner Vergiftung mit Ausschließlichkeiten und Besessenheiten, in denen sich die moralische Großinquisition zur Selbstzensur verinnerlicht, die alle Realitätswahrnehmung affektiv überblendet. Es ist der neue Irrationalismus als Psychopathologie des Zeitgeistes, der dem modernen Subjekt seine Selbstverstümmelung zumutet und die sachliche Urteilskraft gesellschaftspolitischer Vernunft auflöst, sobald ihm nur das Nazi-Gespenst vom »häßlichen Deutschen«, vom »Dunkeldeutschland« gezeigt wird. Man regrediert in den Fetischcharakter des Denkens und seine magischen Kausalitäten, um die mit bösem »Mana« geladenen Gegenständlichkeiten – wie das Hitler-Buch, sein Geburtshaus oder irgendwelche Villen von Nazigrößen – einem schamanistischen Abwehrzauber zu unterwerfen, der für kollektive Aufregungen sorgt. Vielleicht geht es ja auch nur darum – um die Aufrechterhaltung einer hysterischen Erregungskultur, die als Kollateralschaden den Kollaps politischer Vernunft in Kauf nimmt. Und die Beleidigungskategorie »Gutmensch« wäre nicht zuerst dies: ein Appell an und für politische Vernunft?

Nur ist der Gutmensch hier noch zu eng aus spezifisch deutschen Bewußtseinsverhältnissen analysiert. Die Herkunft der »political correctness« liegt aber eindeutig in den angelsächsischen Ländern. Mentalitätsgeschichtlich verweist dies auf die protestantische Reduktion von Religion auf Moral und ein abstraktes Regelbewußtsein von Verboten, das als Neopuritanismus zum gegenläufigen Kompensationsmoment der schrankenlosen (Neo-)Liberalität der Verhältnisse geworden ist. Deshalb ist das »politisch Korrekte« auch in protestantischen Ländern erheblich weiter verbreitet als in katholischen. In der individualpsychologischen Rekonstruktion mag man dies zuerst als ein Phänomen der Jugendkultur fassen: eine affektive Angst vor Bewertung, Ablehnung, Kritik, überhaupt Beurteiltwerden, das heißt als Angst vor dem Anderen, der einen infrage stellt und ein anderes Bild von einem produziert als dasjenige, das man von sich selbst hat. Diese schwache Persönlichkeitsbildung mag dann als Zärtlichkeit sich selbst gegenüber, als eine labile Verletzlichkeit hervortreten, die überempfindlich jede noch so geringfügige kritische Bemerkung, jeden Widerspruch als Verletzung mit Therapieanspruch erfährt; daher dann die Forderung, niemanden zu verletzen, das heißt mit Negationen zu konfrontieren. Die Allzuverletzlichen: die Mimosen des Lebens, erheben den Anspruch auf Unverletzlichkeit und bekennen damit ihre eigene Unfähigkeit, überhaupt mit konträren Realitäten umgehen zu können. Kurz: Die Maßgabe der »political correctness« entspringt der eigenen hysteroiden Verletzlichkeit und verweist immer auf eine schwache Persönlichkeitsbildung. Im Grunde handelt es sich also um ein infantiles oder neurotisches Verhalten überemotionaler Menschen, die aus mangelndem Selbstvertrauen und panischer Angst vor konträren Realitäten ganz in ihrer gefühlsmäßigen Geborgenheit verharren und nicht zur Auseinandersetzung mit der Wirklichkeit heranreifen.

Als massenpsychologisches Phänomen der *westlichen* Moderne (denn in Osteuropa scheint es keine Gutmenschen zu geben), sind die Ursachen eher in der ökonomischen Befriedigung, dem technologischen Wunschdenken der Beseitigung allen Übels und der medialen Gefühlserziehung im imaginären Vorstellungsraum von Aufregungen zu sichten, das heißt in Faktoren, die die Ausbildung des Menschen im Umgang mit der Wirklichkeit in die Gefühlswelt des subjektiv Phantasmagorischen verlagern: Es ist die psychisch labile Verfassung einer Wohlstandsgeneration, die keine selbsteigene Erfahrung mit der geschichtlichen Negativität des Menschen gemacht hat und sie nur aus den Medien kennt, den imaginären Welten der emotionalen Aufregungskultur, in denen das zuschauende Subjekt nur sich selbst genießt, nicht aber in seinem ethischen Verhalten selbst erproben, erfahren und bilden kann.

Die Psyche des modernen Menschen entwickelt sich unter diesen medialen Bedingungen rein virtueller Realitäten zur Zwangsneurose negativer Wirklichkeit, da sie den Umgang damit nicht lernt und sich deshalb als allseits verletzliche erfährt, die im »politisch Korrekten« die allseitige Unverletzlichkeit einfordert. Sie ist es, die sich als neopuritanische Verabscheuung alles Negativen (»Schmutzigen«) niederschlägt und am »politisch Korrekten« die Reißleine zieht, um ihrer eigenen imaginären Maßlosigkeit zu entkommen. Eben dies vollzieht sich kulturgeschichtlich bedingt im Rekurs auf den Protestantismus als rein moralischer Verbotskultur, die ihre Lust am Verbotenen als ihre schlechte und schuldhafte Wirklichkeit eingesteht. Daher das Fanatische der Moral – sie bekennt daran ihre eigene Schuldhaftigkeit: die ihrer phantasmagorischen Liberalität, die alle personale Selbstbildung in der Verletzlichkeit subjektiver Gefühlswelten versenkt. Diese sichert sie im äußeren Schutzwall des »politisch Korrekten« gegen alles Negative ab. Die Ideologie des »politisch Korrekten« ist gewissermaßen das Freistil-Christentum für Religionslose und übernimmt als allgemeine »Moral« die Stellvertretung Gottes in religiös erodierten »modernen« Gesellschaften – was auch der geographischen Verbreitung des »Gutmenschen« entspricht und die geschichtlich bedingte Variationsbreite seiner typologischen Ausprägungen erklärt.

Zum Schluß sei noch auf einen philosophisch bemerkenswerten Film hingewiesen, der vielleicht gerade in dieser Hinsicht zuwenig öffentliche Aufmerksamkeit erhalten hat: *Und dann der Regen* von Icíar Bollaín (Spanien/Bolivien/Frankreich 2010). Da sind zuallererst die Schauspieler. Alles gute, moderne, weltoffene Menschen. Sie wollen vor Ort einen Film über die großen moralischen Taten von Bartolomé de las Casas und Antonio de Montesinos drehen, den heldenhaften Vorbildern, die vor 500 Jahren gegen die Unterdrückung, Folterung, Auslöschung und Vernichtung der indianischen Kulturen Mittel- und Südamerikas aufstanden. Aber vor Ort bei den Dreharbeiten werden sie in revolutionäre Verhältnisse hineingezogen. Denn Ausbeutung, Unterdrückung und Vernichtung haben dort nie aufgehört, und nun will man den Indios auch noch das Wasser stehlen und es vermarkten – das ist nichts anderes als die Fortsetzung der alten Conquista. Und so werden die Schauspieler selbst zu einem Moment dessen, was sie eigentlich nur spielen wollten: zu Tätern und Akteuren einer Aktualität, die sie nur im Modus repräsentierter und vorgestellter Ideale kennen. Und was geschieht? Sie versagen: ethisch-moralisch, als Menschen. Sie sind eben nur *Schauspieler* des Guten, eines heroisierten, in der Vorstellung verklärten Ethos des Menschseins. Wo sie selbst in ihrer menschlich-ethischen Substanz und Wirklichkeit gefordert werden, dort zeigt sich: Da ist nichts – nur Prätention, Hohlheit, Leere, Angst, Versagen. Eben deshalb flüchten sie in die Phantasiewelt, die historisierende und ästhetisierende Repräsentanz des Guten, von dem man selbst nichts mehr hat: Der Gutmensch als »Schauspieler« (*hypokrités*), als »Heuchler« des Guten, als Mißbrauch geschichtlicher Negativität zur narzißtischen Selbstinszenierung des Guten – eben der moderne Mensch, der überall seinen Moralismus heraushängen läßt; aber wo es ernst wird, zeigt sich: Da ist nichts. Aber dies wird im Film durchaus differenziert an den einzelnen Personen durchgeführt. Vielleicht ist der darin auftretende Filmproduzent selbst noch »conquistador«, pragmatisch in den Realitäten zentriert, kein bloßer »Schauspieler«, sondern Wirklichkeitsmensch, der Einzige, der auch noch wirklich über Ernst und menschliches Ethos verfügt – und nicht nur ein Abziehbild seiner moralischen Selbstinszenierungen.

2. »Willkommenskultur« – eine kitschige Inszenierung

Wäre nicht vielleicht »Willkommenskultur« (statt »Gutmensch«) das Unwort, oder besser: die Untat des Jahres? Denn was heißt es anderes als: »Wir machen eine Party aus dem Leiden der Welt«? Willkommensgrüße artikulieren Freude, die übel riecht, wo sie die Not der Anderen als Geschenk begrüßt. Es ist der unverhohlene narzißtische Mißbrauch geschichtlicher Negativität als »event«, der dem eigenen Gefühlsrausch dient, der Eitelkeit des Guten, die sich an der Not der Anderen inszeniert. Das »Flüchtlingsdrama« wird zur »reality show«, um starke Gefühle zu erzeugen, die der emotionalen Selbstbegeisterung medialer Aufregungskultur einen religiösen Ersatz bieten. Spürt man nicht mehr den stilistischen Fehlgriff, der schon in der Formel »Willkommen, Flüchtlinge!« liegt? Schriebe man über die Notaufnahmen unserer Krankenhäuser: »Willkommen, Kranke und Verletzte«! – würde man dies nicht geschmacklos, gar widerwärtig finden? Aber die Disproportion von Flüchtlingsnot und Willkommensfreude scheint man nicht mehr zu empfinden – so sehr freut man sich an sich selbst, daß die Unverhältnismäßigkeit der sprachlichen Diktion nicht mehr auffällt: Die Gutmenschen laden die Welt zu ihrer Party ein und begrüßen die Flüchtlinge wie Marathonläufer zu ihrem »Sommermärchen«. Ist es nicht ein ganz lächerliches, an moraltriefendem Betulichkeitskitsch kaum zu überbietendes Spektakel, was die Deutschen hier der Weltöffentlichkeit boten?

Seit es für »chic« erklärt wurde, überall und bei jeder Gelegenheit »Gefühle« zu zeigen, wird die partikuläre Befindlichkeit auch zum Wahrheitsindikator des sich aussprechenden Guten, das unmittelbar in der eigenen Brust als moralische Exzellenz empfunden wird. Der Verstand geht unter in der bedingungslosen Emotionalisierung öffentlichen Lebens, die alles kritisch unterscheidende Denken unter der Befindlichkeitswoge subjektiver Empfindsamkeiten begräbt, die als Macht religiös ererbter Mitleidsaffekte zum Sinnstiftungsunternehmen wird: Das moderne Subjekt kompensiert seine existentielle Ratlosigkeit durch die christlich verinnerlichte Mitleidsmoral des Helfens, die ihm seine ökonomische Überlegenheit gewährt, um sein Defizit an Sinnhaftigkeit durch pseudoreligiöse Substitution zu überwinden. Die affektive Betroffenheit von Not und Elend der Welt geht auf in der Selbstvergewisserung der eigenen Tugend, Vortrefflichkeit, Macht und Stärke, die sich weniger einer ethischen Leistung des Einzelnen als der ökonomischen und technologischen Überlegenheit seiner geschichtlichen Situation verdankt: Sie zentriert das sinnentleerte Leben des modernen Wohlstandssubjekts in einer neuen Bedeutsamkeit, die ihm das Gewicht absolut werthaften Daseins gibt und sich im Scheinwerferlicht des Öffentlichen – dem Ersatz der Gottesbezeugung – als allseits gerechtfertigtes Menschsein inszeniert. Der personal zu leistende Aufwand ist gering, der narzißtische Profit an Machtbewußtsein, allgemeiner

Anerkennung und existentieller Sinnstiftung immens. Das parasitäre Gefühlsleben, das seiner eigenen Leere durch empathisches Mitfühlen zu entkommen sucht, bereichert sich an fremder Not, die es letztlich nur mimetisch in sich reproduziert, aber nicht teilt. Das Helfersyndrom fungiert damit als postreligiöses Heilssubstitut in Zeiten des Verfalls religiöser Orientierungsparadigmen: Es leistet die Verdrängung der eigenen nihilistischen Sinnkrise und tritt von daher mit moralischen Ausschließlichkeitsansprüchen auf, die jede kritische Infragestellung von vornherein als Verwerflichkeit verteufeln. Berauscht vom Gefühl der eigenen Gutheit wird jede Wahrnehmung objektiver Wirklichkeit mit der Emotionspauschale »Flüchtling« überblendet: ohne jede weitere Differenzierung, wer da woher, warum und wozu kommt. »Willkommen, illegale Einwanderer!« – das ginge nun gar nicht.

Indem der moralische Affektsturm die realpolitisch besonnene Vernunft zersetzt, reitet die »Willkommenskultur« auf einer Befindlichkeitswelle, die bis ins Betulichkeitsgehabe der ehemaligen Kanzlerin reichte: Es sei nicht mehr ihr Land, wenn man sich fürs mitfühlende Helfen entschuldigen müsse. Wehleidige Gefühlsduselei anstelle von politischer Vernunft? Muß es nicht für ebenso stil- und distanzlos wie als grober Verstoß gegen die Würde des Amtes gelten, wenn die Kanzlerin Flüchtlinge »Selfies« mit sich schießen ließ, noch ganz abgesehen von dem propagandistischen Anwerbungseffekt, den ein solch infantiles Gehabe in der muslimischen Welt haben muß? Wird hier nicht Individualmoral mit Grundsätzen gemeinschaftspolitischen Handelns verwechselt? Wo bleibt die politische Vernunft sachlicher Analyse, wenn ein gemüthaftes Fühlvolk von einer sich epidemisch ausbreitenden Welle von Rührseligkeiten ergriffen wird? Während der deutsche Soziologe Jürgen Habermas den emotionalen Betulichkeitskundgaben der Kanzlerin lautstark zujubelte, verurteilte sein französisches Pendant, der Soziologe Jean-Pierre Le Goff (*Le Figaro*, 4.9.2015), die unerträgliche emotionale Erpressung, die jede kritische Reflexion in Schuld- und Mitleidsgefühlen zu ersticken versucht. Irrationaler Gefühlskult des deutschen Michel vs. kritische Vernunft des Franzosen?

Kaum läßt sich übersehen, daß dazu die massenpsychologische Schulddisposition der sogenannten Auschwitz-Generation gehört, die sich im Willkommensgestus von der phantasmagorischen Last der Geschichte zu befreien sucht.[17] Das affektive Trauma der Geschichte wird zur Zwangsneurose, die alles kritisch unterscheidende Denken, jede sachliche Urteilskraft und politische Vernunft auslöscht. Genau deshalb ist die »Willkommenskultur« ein ausschließlich deutsches Phänomen, das die Deutschen selbst innerhalb der westlichen EU gänzlich isoliert: Sie artikuliert eine massenpsychologische Befindlichkeit, die unter den pathologischen Bedingungen ihrer geschichtlichen Traumatisierung ein zwangsneurotisches Verhalten generiert, das alle rationale Unterscheidungskraft sachgemäßer Realitätswahrnehmung affektiv überflutet und panikartig unter sich begräbt. Und es war wiederum ein französischer Philosoph, der den Finger auf diese Wunde legte.[18] Ein in schuldhaften Selbstzerwürfnissen erodiertes Selbstbewußtsein verzehrt sich in der Sehnsucht nach Sympathie, Wertschätzung und Anerkennung und gibt sich dafür selbst die Geißel.

So kommt man über den unsäglichen Kitsch einer »Willkommenskultur« zu einem Staatspopulismus, der die kategoriale Differenz von Moral und Politik aufhebt: Der Staat wird zur Bühne der Selbstinszenierung pseudoreligiöser Individualmoral, die EU-weit in bürgerliche und politische Gegenwehr umschlägt. Die wirtschaftlichen Unkosten und existentiellen Anstrengungen für ebenso subventions- wie integra-

---

17 Die Kritik an der Migrationspolitik artikuliert sich dann nur vermittelt über eine moralinsaure Selbstkritik der Deutschen, etwa bei Wolfgang Jäger (*Badische Zeitung*, 12.3.2016), gegen ihre missionarische Staatsräson oder bei Heinrich August Winkler (*Zeit Online*, 24.4.2016) gegen ein deutsches Moralmonopol. Der rhetorische Umweg über moralische Selbstbezichtigung statt über direkte Sachkritik ist bezeichnend für die verdruckste und verschämte Art der »Korrekten«: Er appelliert an genau das Schuldgefühl, das dem »Willkommen« zugrunde liegt, und spart betont alle anderen Europäer aus. Ganz Osteuropa erklärt freimütig: Wir wollen keine muslimische Immigration. Sind das nun alles ganz schlechte, böse und verwerfliche Menschen? Aber der rein binnenstaatlich applizierte Moralismus verbietet es, nahezu alle Miteuropäer als naziaffine, xenophobe Rechtsextremisten zu brandmarken, wie es logisch konsequent wäre, aber affektiv tabuisiert ist. Die symbolische Selbstgeißelung eines reinen Nationalkomplexes steht gegen die politische Vernunft Europas. Wie sollte der auch noch Anspruch auf europäische »Solidarität« (wieder ein Gefühlsappell!) zur Flüchtlingsverteilung erheben können?

18 Alain Finkielkraut in der *Zeit* vom 26.11.2015 (»Ich habe Angst vor Merkels Gesinnungsethik«).

tionsbedürftige Migranten gehen zu Lasten der Gemeinschaft, der damit ohne Not ein Verzicht abgerungen wird. Wäre es nicht Sache wirklichen Demokratieverständnisses, ihre Bereitschaft dazu per Volksabstimmung einzuholen (Viktor Orban)? Bei exorbitanter Staatsverschuldung, Millionen von Arbeitslosen und unzähligen prekären Arbeitsverhältnissen, ungelösten Integrationsproblemen mit rechtsfreien Räumen und Parallelgesellschaften – wie kann man da auch noch weiterhin die Grenzen für Millionen subventions- und integrationsbedürftige Flüchtlinge öffnen? Welchen gesellschaftlichen und politischen Schaden richtet man damit langfristig an? Aber die moralistische Selbstgerechtigkeit verhält sich zu denen, die ihr Recht auf Widerspruch geltend machen, nur moralisch diffamierend: Es seien eben NS-affine »Rechte«. Die missionarische Arroganz des Willkommens-Altruismus auf Kosten einer ungefragten Allgemeinheit verweigert die politische Verantwortung für die gesellschaftlichen Zustände, die sie selbst erzeugt.

Wie die moralische, so versagt auch die juristische Argumentation. Das Territorialrecht gehört zu den unveräußerlichen Grundlagen des Staates, der frei nach seinem Ermessen und seiner Interessenlage entscheiden kann, wen er ins Land läßt und wen nicht. Unbedingte – theologisch oder moralisch begründete – Vorgaben gibt es dafür keine. Nun ist das verfassungsmäßig garantierte Asylrecht ein Individual- und kein Kollektivrecht; es hat es immer nur mit einer politisch verfolgten Minderheit zu tun, einer oft personalisierten und namhaft gemachten politischen, künstlerischen und intellektuellen Elite eines Landes, die kaum mehr als einige tausend Personen betrifft und auch aufgrund ihrer beruflichen Qualifikation wenig oder überhaupt nicht subventionsbedürftig durch den aufnehmenden Staat ist. »*Politisch*« – und nicht »*strafrechtlich*« – verfolgt, heißt es, wohlgemerkt. Das schließt Diktatoren, Kriegsverbrecher und Kriminelle aller Art aus, und auch diejenigen, die ihre Mitflüchtlinge aus religiösen, ethnischen oder anderen Gründen über Bord werfen oder ihre elterliche Sorgfaltspflicht verletzen, indem sie ihre Kinder auf hoffnungslos überfüllte und schadhafte Boote packen. Bezeichnend: Von einer Selbstverantwortung der »Flüchtlinge« spricht keiner mehr. Sie werden nur noch als »Opfer«, nicht mehr als eigenverantwortlich Handelnde wahrgenommen. Doch fällt der kriegsbedingte

Massenexodus einer Bevölkerung nicht unter das Asylrecht, sondern den Begriff der meist auch subventionsbedürftigen »Kriegsflüchtlinge« nach der Genfer Konvention. Aber der Kriegsflüchtling, der sein Leben in einem *angrenzenden* und (der Präferenz innerstaatlicher Konfliktvermeidung nach) *kulturverwandten* Staat in Sicherheit gebracht hat, hört damit auf, als »Kriegsflüchtling« weiterziehen zu können. *Sensu stricto* wird er im nächsten Land zu einem »Wirtschaftsflüchtling«, der seinen Status als »Kriegsflüchtling« verwirkt hat und ihn nur mißbräuchlich zur ökonomischen »Asyloptimierung« in Anspruch nimmt. Denn dem »Wirtschaftsflüchtling« stehen im Land seiner Erstaufnahme jederzeit die gesetzlichen Immigrationsverfahren seines gewünschten Ziellandes zur Verfügung.

Bekanntlich schadet das zu einem Einwanderungsrecht pervertierte Asylrecht am meisten denen, für die es eigentlich da ist. Es ist diese Perversion des Asylrechts, die seinen politisch legitimen Sinn untergräbt und durch die Aufhebung seiner gesetzlichen Vorgaben allererst zur »Flüchtlingskrise« auf europäischem Territorium führt: Die Kopflosigkeit der »Willkommenskultur« und eine sich ihr subordinierende Politik der bedingungslosen Grenzöffnungen setzt alle geltenden Rechtsverhältnisse und territoriale Souveränität außer Kraft (Seehofer: »Herrschaft des Unrechts«), nur um dem machtpolitischen Druck anderer Staaten (wie der Türkei und Griechenland) ein ebenso kopfloses »Wir schaffen das«! entgegenzutrotzen, das sich jeder politischen Erpressung ausliefert. Politische Vernunft kollabiert, wo die allgemeine Befindlichkeit willkommensberauschter Subjektivität die Rationalität gesetzlicher Regelungen boykottiert; eine Rationalität, die immer der geschichtlichen Selbstbewahrung der physischen und geistig-kulturellen Existenz der Gemeinschaft verpflichtet ist. Wo die heillose Verwirrung von Asyl- und Flüchtlingsrecht auch noch die Wirtschaftsmigration in die Ausweglosigkeit subventionierter Massenghettos führt und die territoriale Souveränität, Gesetze zu geben und notfalls auch aufzuheben, der extraterritorialen Erpressung mit ihren Schutzgeldforderungen ausliefert, ist ein Irrationales am Werk, das sich im Paradox artikuliert, die Auflösung der Rechtsverhältnisse sei durch die geltenden Rechtsverhältnisse ernötigt. Der Affekt versteigt sich in den Moralfanatismus von

Unbedingtheiten, der sich lieber in die absolute Selbstdestruktion stürzt, als auch nur einen Millimeter von seiner Absolutheit abzulassen: Das berühmte »alternativlos« bekennt die Preisgabe des Politischen als Kunst des Möglichen und entzieht dem Staat das Vertrauen seiner Bürger, seiner Verantwortung für das Gemeinwohl noch gerecht werden zu können.[19] Denn allein darin besteht die absolute Priorität und Verantwortung staatlichen Handelns, nicht in karitativer Romantik, die sich auf außerstaatliche Bereiche verlegt, die seinem Verfügungsbereich gänzlich entzogen sind, sich damit aber in unwägbare Abhängigkeiten bringt, die seine autonome Verantwortlichkeit unterminieren. Die Folge: gesellschaftliche Verwerfungen, die auch die politische Gemeinschaft Europas zu zerreißen drohen. Ist es das wert?

Mit der Kölner Silvesternacht 2015/16 begann der Rückzug aus der »Willkommenskultur«; und wie sie das Jahr einläutete, so wurde es auch – zur realgeschichtlichen Enttäuschung eines affektmoralischen Illusionismus, der sich politische Vernunft anmaßte, wo nur moralistische Selbstverliebtheit im Spiel war. Es wurde damit auch zum Jahr medialen und politischen Totalversagens, das mit dem Kölner Verschleierungsversuch seinen verhängnisvollen Lauf nahm und mit den Enthüllungen zur kriminellen Vorgeschichte von Hussein K. (dem Mörder von Maria L., Freiburg) sowie des Attentäters Amri (Berlin) zum Offenbarungseid europäischer Sicherheitspolitik und ihrer interkulturellen Blindheit wurde. Schritt um Schritt folgte die Selbstentblößung einer sogenannten »Qualitätspresse«, die politischen Sachverstand für sich beansprucht und noch um den Jahreswechsel herum wie ein Lynchmob über die Andersdenkenden herfiel, die die Sachlage klarer und aus theoretisch objektivierender Distanz analysierten,[20] bis auch sie, durch die Sachen selbst gezwungen, reumütig zurückruderte und für

19 Nach dem Grundsatz »ultra posse nemo obligatur« (Keiner darf über sein Mögliches hinaus verpflichtet werden). Dies sichert nicht nur das wirtschaftliche, sondern auch das kulturelle und politische Können gegen jede existentielle Selbstbeschädigung ab.

20 Etwa die Winterausgabe 2015/16 von *TUMULT* oder Botho Strauß, Peter Sloterdijk, Thilo Sarrazin usf. Vgl. jetzt auch die umfassende Analyse *Das Migrationsproblem* von Rolf Peter Sieferle sowie Peter J. Brenner, *Fremde Götter. Religion in der Migrationsgesellschaft,* beide erschienen in der *Werkreihe TUMULT* (Waltrop/Berlin 2017).

ihre Kopflosigkeiten Buße abbat: »Wir waren naiv« (Alice Schwarzer), »beseelt von der historischen Aufgabe« (Giovanni di Lorenzo) – aber welchen politischen Sachverstand kann man solchen Kindsköpfen noch zutrauen? Mit den kriminellen und religiös radikalisierten Jugendlichen aus dem Maghreb war man vor Ort schon längstens allzugut bekannt; aber Alice Schwarzer wurde über dieses »islamisierte Prekariat« erst in Algerien belehrt: »Seid ihr eigentlich alle verrückt geworden, die alle zu nehmen? Wir kennen die. Die standen schon bei uns an den Ecken und dealten. Da sind wir froh, daß sie weg sind.« Und sie sah nun selbst ein: »Mit diesen perspektivlosen und islamistisch verhetzten Männern werden wir in Deutschland nicht das letzte Mal Probleme gehabt haben.«[21] Nun gab es schon wegen der geforderten Rückführung eine Großdemonstration in Tunis mit dem (nicht ganz humorfreien) Banner: »Tunesien ist nicht die Abfall von Deutschland«, aber hier würde sich keiner getrauen, die »Nafris« als »Abfall« zu bezeichnen, ohne einen moralhysterischen Hetzanfall zu riskieren. Dies bestätigt ganz ungewollt von der Gegenseite, was hier alle wissen, aber keiner sich zu sagen traut.

Der Realitätsverdrängung zur Selbstlegitimation eines politischen Diskurses bleibt dann nichts anderes als die moralische Herabsetzung derer, die sich ihr entziehen. Der Willkommensdiskurs, angesichts migrationstypischer Kriminalität (Messerattacken, Vergewaltigungen etc.) von der Angst seiner eigenen Delegitimation befallen, kehrt sich um in Haß und Hetze gegen die Anwälte des Realen und verwandelt sich in blanke Aggressivität, die sich durch das Phantasma des Nazi-Gespenstes zu legitimieren versucht. Ob in Freiburg, Kandel, Chemnitz oder anderswo: beschwörend erhebt sich sofort und ohne der Opfer zu gedenken der Imperativ: »Nicht instrumentalisieren, nicht pauschalisieren!« Es ist die Selbstverteidigungsstrategie der Willkommensbegeisterten, die sich aus der politischen Verantwortung für ihren eigenen politischen Diskurs davonstehlen. Die missionarische Arroganz des Willkommens-Altruismus auf Kosten einer ungefragten Allgemeinheit verweigert die politische Verantwortung für die gesellschaftlichen Zustände, die dadurch erzeugt

---

21 *Cicero* 9/2016. Vgl. zum Begriff »Lügenpresse«: Flaig, *Die Niederlage der politischen Vernunft*, Kap. X.

werden. Was ist mit einer solchen Gesellschaft eigentlich los, die sich selbst und ihre ganze geschichtliche Kultur dergestalt verleugnet?[22]

3. Migration und Revolution

Die politische Analyse revolutionärer Gesellschaftsprozesse, zu denen auch die »Migration« zählt, verdankt der marxistischen Geschichtstheorie einige ernstzunehmende Einsichten, die man sich bei dieser Gelegenheit in Erinnerung rufen mag. Revolutionstheoretisch ist jede durch ökonomische, soziale und politische Mißstände, durch Ausbeutung und Unterdrückung verursachte Fluchtbewegung Anzeichen für einen prärevolutionären Zustand der Gesellschaft, der sich vor sich selbst in Sicherheit zu bringen sucht. Emigration ist die Bewegung, durch die revolutionäre Potentiale und Energien veräußert und abgeführt werden, damit das Bestehende erhalten werden kann – also Revolutionsverschiebung und -verschleppung. Sie verhindert die revolutionäre Umwandlung der Gesellschaft und wirkt damit als den geschichtlichen Fortschritt blockierende Zementierung überholter Verhältnisse. Dies ist im Kern genau das, was der jüngere marokkanische König bei seinem Amtsantritt in den 1990er Jahren öffentlich bekanntgab: Es sei im Grunde doch eine gute Sache, daß so viele junge Marokkaner hinüber nach Spanien machten, da ihr Leben in Marokko so perspektivlos sei; außerdem würden sie ja mit ihrer Arbeit dort ihre Familien hier finanziell unterstützen, das käme dem ganzen Land zugute. Der Gewinn ist so zwiefach: Die junge, revolutionsaffine Generation verläßt das Land (Dampf wird abgelassen) und hilft seinerseits – durch ökonomischen Rückfluß, der Finanzierung der sozialen Unterschicht – den revolutionären Druck im Inland zu mindern und die Nationalökonomie zu stärken. Dies gilt für alle modernen Migrationsbewegungen. Im Kern ist die Emigration nichts anderes als das Dampfventil antimoderner Staaten zur Aufrechterhaltung ihrer ökonomischen und wissenschaft-

22 Vgl. auch zur Gesamtdiagnose Thilo Sarrazin, *Feindliche Übernahme* (München 2018), sowie Douglas Murray, *Der Selbstmord Europas. Immigration, Identität, Islam* (München 2018).

lich-technologischen Rückständigkeit, ihrer herrschenden Kasten und ihres gesellschaftlichen Unrechts. Ist moderne Migration nicht anderes als Revolutionsverschiebung und -verschleppung, dann hieße Bekämpfung der »Migrationsursachen« im revolutionstheoretischen Sinne nun: Man kann die Ursachen der Migration nur dadurch bekämpfen, daß man die Migration selbst bekämpft, sie also nach Möglichkeit unterbindet, um die notwendigen gesellschaftlichen Revolutionen im Ursprungsland zu forcieren. Denn die Migration zementiert die Verhältnisse, die sie verursachen, indem sie den prärevolutionären Zustand nach außen ableitet und damit den geschichtlichen Prozeß gesellschaftlichen Fortschritts blockiert. So müßte es zumindest »die Linke« sehen, wenn sie sich nicht längst, aller politischen Theorie entledigt, auf einen nur basischristlichen Bet- und Bußverein reduziert hätte.[23]

Vielleicht versteht man erst vor diesem Hintergrund die vielbeklagte Weigerung der Emigrationsländer, ihre Bürger bei Abschiebung wieder aufzunehmen – wozu auch Dynamit reimportieren, das durch die Erfahrung alternativer politischer Verhältnisse eine erhöhte Explosionsgefahr darstellt? Um jeder Ablehnung und Rückführung zuvorzukommen, entledigt man sich seiner Ausweispapiere – aber wie soll man überhaupt einen Asylantrag bearbeiten, wenn die Identität des Antragsstellers nicht objektiv verifizierbar ist? Es ist das Spiel »Niemand ist da!«, mit dem der menschenrechtliche Universalismus zum Narren gemacht wird. Es widerspricht dem internationalen Recht, den eigenen Staatsbürgern unter dem fadenscheinigen Vorwand fehlender Papiere die Wiedereinreise in ihr Land zu verwehren; und es widerspricht dem nationalen Recht, Menschen ohne gültige Papiere einreisen zu lassen. Und diese müßten dann auch noch »Rückführungsabkommen« unter finanziellen Kompensationsleistungen abschließen, um sich vor ihrem eigenen Rechtsversagen zu schützen? Wird es nicht zu einem blühenden Geschäft einer korrupten Welt, sich den Reimport ihrer »revolutionären Elemente« vergolden zu lassen? – Perversion der Verhältnisse: Der

23 Auch die DDR hat die »Republikflucht« als Kritik an ihren Lebensverhältnissen und ihrem prärevolutionären Zustand verstanden, aber als eine solche von Produktivkräften unterbunden und nur partiell die Ventilfunktion bedient. Als der Massenexodus nicht mehr aufzuhalten war, brach auch sie zusammen.

Migrant wird zur Waffe, ja selbst noch seine Rückführung! Er erhält ein Handgeld, gewissermaßen als Belohnung für seine sportliche Leistung, das EU-Territorium erreicht zu haben, und erschließt sich so eine Verdienstmöglichkeit, die ihm sein Land nicht gibt. Der Migrationsdruck läßt sich damit als politische Waffe einsetzen, um die Schwäche der westlichen Demokratien, ihre Wehrlosigkeit vorzuführen, sie der Verachtung und Lächerlichkeit preiszugeben. Die Spitze der Absurdität ist dann dort erreicht, wo subventionierte Asylanten zum Urlaub in ihre Herkunftsländer fliegen.

Die »Willkommenskultur« und ihre Politik machte sich demnach nicht nur zum Komplizen einer kriminellen Schleuserökonomie und zwischenstaatlicher Korruption, sondern vor allem des weltweit gesellschaftlichen Unrechts und ihrer untragbaren Zustände. Sie scheint, von keinem tieferen Geschichtsbewußtsein politischer Realitäten getrübt, sich der naiven Illusion hinzugeben, geschichtlich über Jahrhunderte gewachsene Unverhältnisse menschlicher Gesellschaften ließen sich ohne Revolutionen und ihre mitunter grauenhafte Gewalt durch rein moralische Appelle auflösen. Moralismus aber ist ein Zeugnis realgeschichtlicher Ohnmacht, sich von der Negativität des Bestehenden zu befreien.[24]

Man wird gerade im Blick auf Syrien einwenden: Aber sie flüchten doch gerade vor der Revolution! – Ja, insofern es nicht *ihre* ist, sie sich also weigern, sich das Schicksal ihres Landes anzueignen; nein, insofern sie nicht Verfolgte der Revolution sind und ihre Verantwortung als Bürger bedeuten müßte, sich im Kampf um die Zukunft ihres Landes zu engagieren. Könnte dies nicht auch in der Form geschehen, daß Millionen mit weißen Friedensflaggen durchs Land ziehen und die Einstellung aller Kriegshandlungen fordern, um gemeinschaftlich die Zukunft ihres Landes auszuhandeln, anstatt sich von Genfer Konferenztischen entmündigen zu lassen? Oder ist all dies abwegig, weil es längst ein

---

24 So wie sich dann auch in der Folge der UN-Migrationspakt von 2018 ganz auf moralische Appelle verläßt, die nicht einmal mehr an die Verursacher ergehen: die Unverhältnisse in den Emigrationsstaaten, sondern die geordnete Staatenwelt in die Pflicht zwingen wollen, auszugleichen, was dort sein Unwesen treibt (siehe »Nachschlag zum UN-Migrationspakt« unten).

Stellvertreterkrieg geworden ist, der von den Regionalmächten (Saudi-Arabien, Katar, Iran) mit Unterstützung der Großmächte (USA, Rußland) geführt wird? Ist es nicht auch ein Symptom der mangelnden Ausbildung politischen Bewußtseins, wenn sich die Bürger des Landes massenweise aus der Verantwortung für ihr Land davonstehlen und es einem Bürgerkrieg ohne Bürger, geführt als Stellvertreterkrieg auswärtiger Mächte, überlassen? Oder ist auch dies nur die letzte Konsequenz ehemaliger Kolonialherrschaft, die das Osmanische Reich wie ganz Afrika so sauber mit dem Lineal unter sich aufteilte – ohne jede Rücksicht auf die Völker und Ethnien, ihre kulturellen und religiösen Eigenheiten (Sykes-Picot-Abkommen)? So daß die ethnisch-kulturell zersplitterten Gruppen nie ein politisches Gemeinschaftsbewußtsein ausbilden konnten, es sei denn unter der Zwangsrute einer diktatorischen Clanherrschaft, die von ihren ehemaligen Kolonialherren an der Macht gehalten wurde – und wird? Ist nicht auch dies ein Übel der arabischen Welt, daß es an der Ausbildung eines politischen Verantwortungsbewußtseins der Gemeinschaft fehlt, um sozioökonomisch selbsttragende Strukturen modernen Lebens zu erzeugen, anstatt sich auf Rohstoffreichtum, Religionsideologie und Clanherrschaft zu verlassen? Ist es nicht völlig absurd, wenn Hunderttausende tüchtiger und wehrhafter junger Männer smartphonebewaffnet und offensichtlich so gut betucht, daß sie die enormen Schleuserkosten bezahlen konnten, in die Sozialsysteme Europas einmarschieren, das seinerseits seine tüchtigen und wehrhaften jungen Männer unter der Gefahr für ihr Leib und Leben zu kostenaufwendigen Sicherheitsmissionen in jene Länder schickt? Und dann etwa auch noch, wie im Fall Afghanistan oder Mali, Abschiebungen nicht zuläßt, weil der ganze finanzielle und militärische Aufwand der Europäer dort doch keine erträgliche Sicherheitslage schaffen kann? Ist das nicht das Zeugnis politischen Irrsinns?

Auch in dieser Hinsicht macht sich die »Willkommenskultur« zum Komplizen geschichtlicher Gewalt, indem sie die realpolitischen Ursachen und Verantwortlichkeiten mit dem missionarischen Eifer ihrer reinen Affektgüte überspielt und jede objektive politische Sachanalyse in ihrer autistischen Traumatherapie versenkt. Die »Willkommenskultur« handelt als maßgeblich politisches Subjekt politisch verantwortungslos;

sie mißbraucht eine massenpsychologische Sensibilität mitmenschlichen Empfindens und setzt sie an die Stelle politischer Vernunft, die selbst woanders – im Kalkül hegemonialer Machtstrategien – ihr Unwesen treibt Wer zweifelt etwa daran, daß eine US-geführte NATO nicht allzugerne die Krim als ihren Flottenstützpunkt in Besitz genommen hätte und ihre Osterweiterung um die Ukraine durch Subversion des demokratisch gewählten, aber unbotmäßigen Präsidenten Janukowitsch betrieb? Handelt es sich in Syrien nicht um das gleiche Schema? Ist die Befindlichkeitswelle des Flüchtlingsmitleids nicht selbst ein willkommener Ablenkungsmechanismus, um hegemoniale Politikstrategien im massenpsychologischen Event zu verhüllen? Wem ist die »Willkommenskultur« – und warum – »willkommen«?

Wie dem auch sei: Solange eine migrationsfreundliche »Willkommenskultur« die Dramatik und den Ernst – die geschichtliche Grausamkeit – von Migrationen zu volksfestartigen Ferienausflügen und touristischen Unterhaltungsabenteuern verballhornt, so lange vergeht sie sich auch am Prinzip politischer Vernunft, die Negativität realgeschichtlicher Verhältnisse dort aufzulösen, wo sie entspringen. Die eklatante Disproportion von Geburtenrate und ökonomischen Subsistenzmöglichkeiten, die sich in innergesellschaftlicher Gewalt (und der Flucht vor dieser) entlädt, verweist auf tiefergreifende kultur- und mentalitätsgeschichtliche Faktoren, die recht präzise den Typus der Emigrationsländer definieren und ihn auf die muslimischen und afrikanischen Staaten eingrenzen. Das Unvermögen zur Staatsbildung, und sei es durch Revolutionen oder Reformen, hat es ebensosehr mit der im Islam fehlenden Unterscheidung von Staat und Kirche (Religion) wie mit der mangelnden Ausbildung eines säkularen Rechtsverständnisses zu tun, die den Bürger als politisches Subjekt definiert und in seinem Selbstverständnis trägt. Kein einziges muslimisches oder afrikanisches Land hat die moderne Erkenntniskultur und technologische Produktivität übernommen. Anders als Indien und Ostasien ist keines der typologischen Emigrationsländer ein Produktionsort wissenschaftlicher und technologischer Innovation, das die Subsistenz der explodierenden Bevölkerungszahl garantieren könnte. Geburtenreichtum und sozioökonomische Rückständigkeit, Korruption und Clanherrschaft, ethnische und religiöse

Zerrissenheiten unterlaufen jede Ausbildung eines modernen Staatswesens und erzeugen jene allgemeine Verelendung, die ihren inneren Druck in westliche Länder abführt.

Das betrifft zum Teil auch die innereuropäische Migration, wo immer sie bestehende Mißstände und Unrechtsverhältnisse konserviert oder zu neuen Abhängigkeitsverhältnissen und machtpolitischen Verwerfungen führt. Dazu gehört zum einen die »*Kompetenzmigration*« als Abschöpfung der Bildungseliten eines Landes (*brain drain*) durch den »Fachkräftemangel« in anderen Ländern. Die Abwerbung von Hochkompetenz zementiert die Rückständigkeit der Länder, vernichtet und mißbraucht ihre Bildungsanstrengungen und erhält damit das ökonomische, soziale und kulturelle Machtgefälle zwischen den starken und schwächeren Gesellschaften, innereuropäisch den führenden Industrienationen und den süd- und osteuropäischen Ländern: Ihre Überlegenheit wird auf Generationen festgeschrieben, so daß ihrer Herrschaftsposition keinerlei Konkurrenz entstehen kann, sie sich letztendlich sogar ihre eigenen Bildungsinstitutionen sparen können – sie lassen andere Länder für sich ausbilden und werben sie ihnen dann durch ihre überlegenen Lebensverhältnisse ab.

Zum anderen überkreuzt sich damit die »*Sozialmigration*«, durch die der Staat die Verantwortung für seine Arbeitslosen auf andere abwälzt und ihnen die Abwanderung in deren Sozialsysteme anempfiehlt, um damit wiederum sein »revolutionäres Potential« abzuführen und die bestehenden Unverhältnisse zu erhalten. Was in den Aufnahmeländern zu sozialen Ressentiments und Verwerfungen führt, die die Gesellschaft spalten und ihren Zusammenhalt aufzuheben drohen –, bis hin zu Ghetto- und Parallelgesellschaften als rechtsfreien Räumen, in denen jede rechtsstaatliche Ordnung versagt. Was dann unter dem Begriff der »Ausländerfeindlichkeit« fehldiagnostiziert und zur moralischen Erpressung allgemeiner Befindlichkeiten eingesetzt wird: In Wahrheit handelt es sich um Staatsversagen, wo immer Emigration durch ökonomische, soziale und politische Verhältnisse erzwungen und Immigration durch Abwerbungs- und Alimentationsangebote gefördert wird. Sie bleibt politisch kontraproduktiv, ein Abzeichen staatlichen Versagens und damit ein Verschiebungsmoment revolutionsaffiner

Gesellschaften, das letztlich dort explodieren muß, wohin verschoben wurde. Aus der Verschiebung wird die Implantation revolutionärer Verhältnisse in Ländern, die dadurch geschichtlich zurückkatapultiert werden: *Aus der progressiven Revolution in den Herkunftsländern wird eine regressive in den Ankunftsländern.* Oder ist diese dialektische Verkehrung nur die »List der Vernunft« (Hegel), um die Weltgeschichte ein Stück weiterzubringen?

Migration ist die der modernen Mobilität geschuldete Möglichkeit, Revolutionen zu verschieben, nicht aber, sie als Prinzip gesellschaftlicher Transformationen zu vermeiden. Sie ist die latente und nicht eingestandene Revolution der Moderne, die im Kern über kein positives Programm der Umwälzung verfügt, sondern einer weltgeschichtlichen Disproportion der Verhältnisse entspringt, die durch die wissenschaftlich-technologische Rationalität ausgelöst wurde, aber nur durch die geistigen Bildungspotentiale politischer Vernunft und ihre sachanalytische Kraft bewältigt werden kann.

Nachschlag zum UN-Migrationspakt

Politik ist immer nur so gut wie die Analytik der geschichtlichen Probleme, mit denen sie es zu tun hat. Was am UN-Migrationspakt von 2018 schlecht ist, wurde nun ausgiebig diskutiert,[25] die schlechte Analyse der geschichtlichen Realität, die ihm zugrunde liegt, nicht. Unterscheiden wir Migration in freiwillige und erzwungene oder ernötigte, dann haben wir es im ersten Fall damit zu tun, daß die Gründe rein individuelle sind, also eine bestimmte Vorliebe oder Affinität zu einem anderen Land oder einer anderen Kultur, in die man sich gerne einpaßt, zu der man etwas beizutragen weiß und die man positiv als eigene Lebensdimension bejaht. Dieser im ganzen unproblematische und damit auch politisch irrelevante Komplex von Migration hat es nicht nur mit den Bewegungen innerhalb der europäischen Kulturen zu tun; man denke etwa auch an die Vielzahl von Europäern, die seit den 1960er Jahren nach Indien und Nepal ausgewandert sind. Der problematische und deshalb allein politisch relevante Teil der Migration betrifft nur das Segment

25 Vgl. Roland Tichy (Hg.), *Der UN-Migrationspakt und seine Auswirkungen* (Frankfurt 2018).

der aus sozioökonomischen und politischen Gründen ernötigten und erzwungenen Migration: Es sind grob gesagt die als »failed states« (oder vulgäramerikanisch als »shithole states«) bezeichneten Staaten, die als reine Emigrationsländer in solchen Unverhältnissen befangen sind, daß sie ihre Bürger zur Auswanderung in eben jene Länder treiben, die keine solchen sind. Daher der einsinnige Zug der Migrationsdrift aus den politischen Versagerstaaten in die erfolgreichen westlichen Demokratien. Die Analytik der Migrationsproblematik hat es deshalb in erster Linie mit diesen politischen Unverhältnissen zu tun. Ihr erster Adressat ist deshalb auch nicht der »Migrant«, sondern der Staat, der aufgrund des Versagens seiner politischen Klasse zum »Emigrationsstaat« – man könnte auch sagen: »Vertreibungsstaat« – wird. Denn der Mensch ist gerne bei sich, er geht auf in seiner Landschaft, seinen Bräuchen und Gewohnheiten, zusammen mit seinen sprachlich und kulturell verwandten Landsleuten, mit denen er zu feiern und sich zu streiten weiß. Man kundschaftet gerne auch mal etwas anderes aus – und kehrt dann um so lieber zurück. Von dem quantitativ geringfügigen Anteil an freiwilliger interkultureller Migration abgesehen ist die weltweite Migration ein Zwangsakt menschlicher Gewalt gegen die Freiheit, das Glück und Wohlergehen des Einzelnen, der die kulturelle Zerrissenheit mit seiner Ursprungsgemeinschaft als den Fluch seiner in Fremdwelten verstoßenen isolierten Existenz auszutragen hat. Dem Migrationspakt fehlt nun nicht nur jedes Verständnis für die existentielle Dramatik ernötigter Migration, sondern auch jedes Bewußtsein der politischen Verantwortung von »Emigrationsstaaten« für das rechtsstaatlich zu gewährleistende Allgemeinwohl seiner Bürger. Keine Spur von einer politischen Verurteilung der zur Emigration nötigenden Staaten. Wenig erstaunlich ist deshalb, daß gerade Emigrationsländer den Pakt befürworten: Er garantiert ihnen die Aufrechterhaltung ihrer Unverhältnisse.

Der UN-Migrationspakt ist ein Paradebeispiel politischer Unvernunft, die aus purer realpolitischer Feigheit in die moralideologische Phantasiewelt flüchtet, anstatt den Emigrationsländern harte Bedingungen ihrer rechtsstaatlichen Reorganisation aufzuerlegen – bis hin zu territorialen Neuordnungen ihres Staatswesens nach gemeinschaftstragenden Prinzipien ethnischer, kultureller und religiöser Parameter. Nur ein

UN-Pakt gegen »Versagerstaaten« (*failing states*) wäre eine angemessene politische Antwort auf die Dramatik der Migration zugunsten all der Menschen, die ihr Leben allzugerne in ihrer soziokulturellen Sphäre verbringen möchten – die allermeisten.

4. Paradoxien der Migration

Mentalitätsgeschichtlich erzeugt die neuere Migration merkwürdige Paradoxien im Selbstverständnis der Betroffenen – auf beiden Seiten. Wo sich die politische Diagnostik geschichtlicher Realitäten in falschen Selbstverständnissen verrennt, bildet sie falsche Gegensätze, die zu falschen Verhältnisse mit oft katastrophalen Folgen führen. Nicht nur in der Medizin führen Fehldiagnosen zu Fehltherapien mit letalem Ausgang. Sehen wir nach.

Das europäische Paradox

Zuerst wurde den Europäern rein migrationsbedingt eine Auseinandersetzung mit dem Islam aufgenötigt, zu der sie eigentlich keinen Grund und noch viel weniger Lust verspürten. Dann wurde ihnen zur Abgrenzung verkündet, ihre Identität sei eine »christliche«. Eine falsche Identität aus einer falschen Gegensatzbildung – als stünde ein christliches Europa gegen eine islamische Welt. Zweifellos gehört das Christentum zu Europa, es macht in zahlreichen Abwandlungen einen wesentlichen Teil seiner Bildungsgeschichte aus. Dennoch ist die europäische Welt schon lange keine christliche mehr, der Gegensatz zur muslimischen also auch kein religiöser von verschiedenen Religionen, der sich unter dem Verweis auf »Religionsfreiheit« abhaken ließe. Der Gegensatz ist vielmehr ein geschichtlicher, der seinen Ursprung in der neuzeitlichen Abkehr von dem offenbarungstheologischen Wahrheitsanspruch der christlichen Religion hat und das menschliche Weltverhältnis wieder ganz der Autonomie des Erkennens unterstellt, wie es zum Teil schon in der Antike der Fall war. Eben darin besteht das »Neue« der »Neuzeit«: daß die Grundlage menschlichen Weltverhältnisses von der religiösen Offenbarungswahrheit an die Selbstgewißheit des Erkennens in Philosophie und Wissenschaften übergeht. Das Christentum ist nun eine Sache der Vergangenheit, die christliche Welt die des Mittelalters, und die mitunter vehement geführte Auseinandersetzung mit der christlichen Religion, ihrer Metaphysik und Theologie, gehört seit 500 Jahren zur Identitätsbildung der modernen europäischen Kultur.

Christliches Europa? Der Glaube an die Unbefleckte Empfängnis, die Erlösung durch den Kreuzestod Jesu Christi, das Jüngste Gericht und die Auferstehung zu seligem Leben oder ewiger Verdammnis ist der modernen Erkenntniskultur nicht mehr zumutbar. Was als allgemeiner, philosophisch verdünnter Gottesglaube oder als moralisches Empfinden sogenannter »christlicher Werte« übrig bleibt, ist so wenig ein spezifisch christliches Monopol, daß es vielmehr ein leeres Allgemeines ohne reale Bildungskraft bleibt, das sich dann auch in zahlreichen anderen kulturellen Überlieferungen auffinden läßt. Angesichts dieser allgemein bekannten Tatsache, die in der geschichtlichen Diagnostik der Moderne mittlerweile ihren festen Ort am Begriff des »Nihilismus« gefunden hat, ist es durchaus paradox, wenn eine »christliche Identität« Europas beschworen und den muslimischen Immigranten entgegengehalten wird. Der Gegensatz der europäischen Erkenntniskultur zum Islam schließt den zum Christentum mit ein und ist selbst nur dessen entfernter Abklatsch. Aber im Verhältnis zum Christentum bezeichnet er ihre eigene Befreiungsgeschichte. Der Islam aber begegnet ihr als Einwanderung just jener Vergangenheit in ihre Gegenwartswelt, von der sie sich befreit hat – und in die sie auch um keinen Preis zurück möchte. Woher die paradoxe Selbstverleugnung der Moderne, die sich gegen alle Evidenzen eine christliche Identität anlügt?

Die Pathologie des Zeitgeistes ist, wie Fontane sagen würde, »ein weites Feld«, und jeden, der sich eingehender mit dem Scheitern der muslimischen Integration auf europäischen Territorien beschäftigt hat, wird eine gewisse Ratlosigkeit, wenn nicht gar ein Entsetzen befallen angesichts der politischen und kulturellen Ohnmacht, mit den gesellschaftlichen Gegensätzen umzugehen. Der Grund liegt aber in der Erosion geschichtlichen Bildungsbewußtseins, das mit der falschen Diagnose falsche Therapien und verkehrte Verhältnisse schafft, also sich selbst und den Gegensatz religiös definiert und der »Religionsfreiheit«

unterstellt, die alle Beliebigkeiten zuläßt. Aber die moderne Erkenntniskultur ist keine »Religion«, auch keine »Weltanschauung« oder »Ideologie«, die man annehmen könnte oder nicht. Sie ist die Verwirklichung des Menschseins als freies Erkenntniswesen und in ihrer Entfaltung zur wissenschaftlich-technologischen Rationalität die Grundlage der weltgeschichtlich globalisierten Wirklichkeit der Moderne. Woher also ihre Schwäche, die sie in eine überkommene religiöse Identität regredieren läßt?

Die Gründe liegen auf der Hand: Die Entfaltung des Erkennens in der wissenschaftlich-technologischen Rationalität hat nach den geschichtlichen Katastrophen des 20. Jahrhunderts jedes Heilscharisma als Erlösungsprojekt, den Menschen von allem »Negativen« zu befreien, eingebüßt. Die geschichtliche Praxis moderner Rationalität entfaltet ihre eigene Negativität. In ihr bleibt das Erkennen unvermögend, den Menschen zu einer transzendierenden Wahrheit seines Seins zu befreien: Es ist das metaphysische Loch, durch das er seit Jahrhunderten beständig hindurchfällt und ihn in religiöse, weltanschauliche und therapeutische Regressionen treibt. Dazu gehört nun auch die erheuchelte »christliche Identität«: Sie offenbart die orientierungslose »nihilistische« Wirklichkeit der Moderne gerade dadurch, daß sie diese zu übertünchen sucht. Sie ist selbst ein Ausdruck der modernen Orientierungslosigkeit entgrenzter Subjektivität: Es ist das schlechte Gewissen ihrer Maßlosigkeit und Beliebigkeit, das sich am »Christlichen« ein Maß zurechtzulügen versucht. Das soll dann einen Halt bieten, um den Gegensatz zum Islam auszutragen. Das Erkennen stuft sich selbst auf eine analoge »religiöse« Ebene herab und identifiziert sich rückwärtsgewandt mit dem, wovon es sich befreit hat. Der Rückzug auf die christliche Identität erweist sich als infantiles Regressionsverhalten, das am »Christlichen« nur einen entsprechend primitiven, folkloristischen Inhalt auf dem Bodensatz emotionaler Bedürfnisse und ethischer Affekte artikuliert. Darin besiegelt sich das politische Unvermögen, mit der geschichtlichen Situation und ihren gesellschaftlichen Gegensätzen überhaupt noch umgehen zu können.

Aber keine Religion, und noch weniger eine erheuchelte und erlogene, kann das metaphysische Loch der Moderne stopfen: Es bleibt eine Aufgabe des philosophischen Denkens und Erkennens, die wissenschaftlich-technologische Rationalität in ein Selbst- und Weltverständnis des Menschen zu transzendieren, das ihn aus seinen modernen, wissenschaftsideologischen Verdinglichungen befreit und zum geistigen Umgang mit der Negativität des Seins ermächtigt.

Das muslimische Paradox

Besichtigen wir nun das Paradox auf der anderen Seite. Wer sein Land verläßt und in eine andere Kultur auswandert, hat gemeinhin eine negative Erfahrung der eigenen kulturellen Lebenswirklichkeit und eine entsprechend positiv-bejahende Einstellung zu den Lebensverhältnissen in der anderen Kultur – und die er deshalb auch gerne und bereitwillig übernimmt. Paradox wäre es, in eine Welt einzuwandern, deren Kultur und Lebensverhältnisse zutiefst abgelehnt werden. Es ist das muslimische Paradox: Um den nicht nur ökonomischen, sondern auch sozialen und politischen Mißständen des eigenen Landes zu entkommen, wandert man in eine Welt ein, die aufgrund ihrer sozioökonomischen und rechtsstaatlichen Verhältnisse, ihrer liberalen Lebenskultur und ihrer wissenschaftlich-technologischen Führungsrolle als Ideal gilt. Aber kopflos und unbesonnen, wie Menschen nun einmal sind, importieren sie in diese genau die kulturellen Habitualitäten, vor denen sie fliehen. Ihre tradierte Identität verdichtet sich zur Integrations- und Akkulturierungsverweigerung segregierter Parallelgesellschaften, die das Bekenntnis zur islamischen *scharia* und zur Offenbarungstheologie des Koran über alle Errungenschaften der europäischen Erkenntniskultur stellen, von der sie gleichwohl profitieren wollen, ohne sie zu übernehmen. Auf diesem Boden wächst dann das machtpolitische Projekt der Islamisierung Europas, massiv unterstützt von der Religionspolitik ihrer Herkunftsländer, die genau das reproduzieren würde, was Ursprung und Grund der Unverhältnisse ihrer Herkunftsländer sind. Wohin aber wollen sie dann auswandern, wenn sie die europäische Erkenntniskultur um all das gebracht haben, was sie zum Ziel der Migration machte?

Eine Reflexion auf das Übel der geschichtlichen Welt, aus der man kommt, findet sowenig statt wie eine Verständigung über den wirtschaftlichen Erfolg, die rechtsstaatliche Freiheit und wissenschaftlich-technologische Vormacht der Europäer. Der Reflexionslosigkeit, die sich machtpolitisch immer leicht instrumentalisieren läßt, entgeht das Paradox, daß man genau das Ideal vernichten will, bei dem man Zuflucht sucht. Es fehlt das Bewußtsein, daß die Grundlage der modernen Welt die Befreiung *von* der Religion *zur* Autonomie des Erkennens ist. Anstatt diesen geschichtlichen Paradigmenwechsel von einer offenbarungstheologischen Unterwerfungskultur zu einer autonomen Erkenntniskultur an sich selbst zu vollziehen (wie Indien und die fernöstlichen Nationen), bleibt die muslimische Welt in der selbsterzeugten Negativität ihrer religiösen Verhältnisse befangen und erklärt die Islamisierung Europas zum machtpolitischen Projekt. Dank hoher Geburtenraten dürften muslimische Immigranten schon in naher Zukunft die Mehrheit der europäischen Bevölkerung stellen und Europa entsprechend in ihre politische Gewalt bringen. Wie aber sähe die realgeschichtliche Verwirklichung aus, die im muslimischen Paradox intendiert wird?

Erstens: Gehen wir aus von dem einfachen Szenarium einer Übernahme Europas durch die islamische Offenbarungstheologie. Sie würde nicht nur alle sittlichen und rechtsstaatlichen Verhältnisse zugunsten der *scharia* aufheben, sondern auch zum Zusammenbruch der gesamten philosophisch-wissenschaftlichen Erkenntniskultur führen – der Grundlage der technologischen und ökonomischen Vormachtstellung Europas und seines Reichtums. Zwar läßt sich ein Auto, ein Handy oder ein PC auch von einem Offenbarungsgläubigen nach den normierten Regeln bestehenden Wissens zusammensetzen; aber dieses Wissen selbst und seine objektive Sachlichkeit vermag er nicht zu erzeugen, geschweige denn weiterzuentwickeln. Es ist deshalb auch kein Zufall, wenn weltweit keines der muslimischen Länder durch wissenschaftliche Erkenntniskultur und technologische Produktivität in Erscheinung getreten ist: Die geistige Grundhaltung ihres Weltverhältnisses widerspricht aller sachlich objektivierenden Erkenntniskultur. Verarmung, Auflösung aller Rechtsverhältnisse und tribalistische Verheerung der europäischen Länder wären die absehbaren Folgen. Der Sieg des Islam wäre also ein Pyrrhussieg der verbrannten Erde, und die betroffenen europäischen Territorien würden sich bald den derzeit herrschenden

Verhältnissen in Afghanistan, Irak, Syrien oder Libyen angleichen. Die Migration führte sich damit selbst ad absurdum: Sie immigriert wieder in das hinein, aus dem sie emigrierte, und führt sich im Kreise ihrer ideologischen Verblendungen herum. Das mag sich über zahllose Jahrhunderte erstrecken.

Zweitens: Um diese Aporie abzuwenden, wären Muslime versucht, die wissenschaftliche Erkenntniskultur aufzunehmen und weiterzuführen. Dann aber infizieren sie sich unfehlbar mit der freien Erkenntnishaltung von Philosophie und Wissenschaft, die sie aus dem offenbarungstheologischen Absolutheitsanspruch des Koran heraustreibt. Sie würden selbst, wie zuvor die jüdischen und christlichen Europäer, »säkularisiert« zu verweltlichten Erkennern. An ihnen vollzöge sich damit die Aufhebung des Islam als Grundlage der allgemeinen Lebensverhältnisse – nicht anders, als es schon der jüdisch-christlichen Überlieferung in den Zeiten der europäischen Aufklärung geschah. Das Resultat wäre dasselbe: eine zweite Aufklärung, und das islamische Projekt der Eroberung Europas schlüge um in die Selbstvernichtung seiner religionsideologischen Grundlage. Es ist dann letztlich doch die europäische Erkenntniskultur, die sich bei ihren Subjekten siegreich durchsetzen wird. So schon heute bei muslimischen Intellektuellen zu sehen.

Fassen wir nun beides in ein realgeschichtliches Szenarium zusammen, in dem auch die Stammeuropäer ihre Parteiungen bilden würden, so ergibt sich daraus das Bild eines muslimisch geführten europäischen Bürgerkrieges, der die Religionskriege des 16. und 17. Jahrhunderts auf einer ungleich intensivierteren Stufe wiederholen würde. Denn da die moderne Erkenntniskultur nun selbst zur Partei geworden ist, läßt sich der Gegensatz nicht mehr durch die höhere Rationalität einer »Aufklärung« aufheben. Die Aporie bleibt ausweglos sich selbst und dem geschichtlichen Kampf überlassen. Das Paradox muslimischen Selbstverständnisses wird in seiner realgeschichtlichen Umsetzung zum Suizid des Islam, seiner Lebensbedingungen und seiner Ideologie. Sie führt zum Zerfall aller politischen Ordnungen und zur sozioökonomischen Verheerung eines ganzen Kontinents, der einst Ideal und Ziel der Migration war.

Resultat: Die geschichtliche Verwirrung

Das muslimische Paradox entspringt einem Mangel, das europäische einem Überschuß an Aufklärung qua reflektierter Rationalität: Dort fehlt das Bewußtsein der Transzendenz des Erkennens gegenüber allen Glaubenswahrheiten, hier schießt es über in eine Universalität, die noch den Gegensatz, seine Negation, in sich einschließt. Das europäische Bewußtsein vergißt nicht nur, daß die »Religionsfreiheit« keine Sache der Religion, sondern der Befreiung des Erkennens *von* der Religion ist: Allein diese Befreiung gewährt »Religionsfreiheit«, nicht aber die Offenbarungsreligion selbst. Das europäische Bewußtsein vergißt darin zugleich, daß die in der modernen Erkenntniskultur fundierten »Menschenrechte« *nicht* das Recht einschließen, diese im Namen der »Religionsfreiheit« aufzuheben und zu negieren, wie es der Fall der »Kairoer Erklärung der Menschenrechte ist. Verpflichtet die »Allgemeine Erklärung der Menschenrechte« (AEMR) ihre Unterzeichnerstaaten dazu, gegen jeden Versuch ihrer totalen Aufhebung vorzugehen, dann ist die Zulassung einer muslimischen Immigration, die zu 80 Prozent die *scharia* über die Verfassung des Rechtsstaates stellt, selbst ein Verstoß gegen die AEMR, die auch darüber hinaus ganz legitime Einschränkungsmöglichkeiten der Menschenrechte einräumt, und zwar zum Schutz erstens der nationalen Sicherheit, zweitens der öffentlichen Ordnung, drittens der Volksgesundheit und viertens der öffentlichen Sittlichkeit.[26] Indem das europäische Bewußtsein universalisierend über alle Gegensätze hinwegschießt, endet es im bestimmungslosen Allgemeinen – dem Paradox seiner Selbstpreisgabe. Indem es sich nun keinem anderen mehr entgegenzusetzen vermag, regrediert es in eine überkommene Identität, von der es sich längst befreit hat, um sich dem absoluten Wahrheitsanspruch muslimischen Offenbarungsglaubens entgegenzustellen. In Wahrheit aber arbeitet es ihm zu, und so fallen beide: Fehl und Überschuß aufgeklärter Erkenntnis, in ein Verwirrungsgeschehen zusammen.

---

26 *Menschenrechte: Dokumente und Deklarationen* (Bonn, 3. Aufl. 1999), Art. 29–30, S. 58 f. Vgl. dazu ausführlich: Brandner, *Die Ideologie der Menschenrechte.*

MIGRATION UND INTEGRATION: DIE BILDUNGSPOLITISCHE HERAUSFORDERUNG

1. Invasive und akkulturierende Migration

Nur der begrifflichen Klarheit halber ist anzumahnen: Deutschland ist kein Einwanderungsland, sowenig wie irgendein anderes europäisches Land. Es läßt sich nur als »Zuwanderungsland« bezeichnen. Ein »Einwanderungsland« ist nach dem für die Neuzeit klassischen Vorbild ein durch physischen und kulturellen Genozid bereinigtes Territorium, das durch eine ganz andere Kulturgemeinschaft besiedelt wird, wie die Amerikas (Nord-, Mittel-, Südamerika), Australien und Neuseeland. Die Migration ist hier keine »akkulturierende«, die sich der vorgängigen Kultur der Territorialbewohner angleicht und in ihr aufgeht, sondern umgekehrt eine »invasive«, die ihre eigene Kultur zum Leitparadigma erhebt, die andere der Ureinwohner dagegen verdrängt und vernichtet. So war die indoeuropäische Migration vor drei- bis viertausend Jahren invasiv, die Völkerwanderung zu Zeiten des Römischen Reiches dagegen akkulturierend. Invasive Migrationen konstituieren »Einwanderungsländer«, wie zuletzt auch Israel. Dagegen sind Zuwanderungsländer wie die europäischen akkulturierend, solange sie die territoriale Souveränität auf der Grundlage ihres eigenen kulturgeschichtlichen Selbstbewußtseins in Anspruch nehmen und damit die »Assimilation« als ihr politisches Grundprinzip vertreten. Um was für eine Form der Migration handelt es sich nun bei der muslimischen?

Nach muslimischem Selbstverständnis, das auch politisch und ökonomisch forciert wird, handelt es sich um eine »invasive« Migration, nach europäischem Verständnis um eine »akkulturierende«. Aus der Sicht der Muslime ist Europa ein »Ein-«, aus jener der Europäer ein »Zuwanderungsland« – eine Differenz, die unmißverständlich einen kulturellen Machtkampf anzeigt, der unter der Oberfläche schon längst ausgebrochen ist. Die Attraktionskraft Europas für muslimische Migranten ist in erster Linie eine wirtschaftliche, keine kulturelle, und von daher gibt es auf ihrer Seite auch keine Prädisposition, sich Europas kulturgeschichtlichen Parametern akkulturierend anzuverwandeln. Im Gegenteil, gerade das exklusive monotheistische Gemeinschaftsbewußtsein wird sich dem mit aller Kraft verweigern: Durch Migration ist keine Seele an die »Ungläubigen« zu verlieren; mehr noch, sie ist invasiv zu deren Bekehrung einzusetzen. Die muslimische Immigration hat eine mächtige Staatenwelt im Hintergrund, die sich durch ihre Finanzmacht schon längst einen festen Stand in der europäischen Wirtschaftswelt verschafft hat. Für die Radikalisierung der islamischen Identität: ihrer Migranten – sorgt eine gezielte Religionspolitik durch Entsendung von Imamen (allein ca. 970 aus der Türkei nach Deutschland), den Bau von Moscheen und innereuropäischen Ausbildungszentren, nicht nur in den muslimisch geprägten Balkanstaaten. Die politische Devise ist unmißverständlich: Kulturelle Assimilation sei ein Verbrechen, sagt Erdoğan. Auch Geburtenverhütung sei ein Verbrechen – am türkischen Volk; und wie Erdoğan dann (2017) unmißverständlich fortsetzte, sei dies auch die Strategie zur Übernahme Europas. Biologischer Reproduktionsreichtum ist Teil archaischer Machtpolitik, die allen Nachwuchs als loyal verfügbares Machtelement der ethno-religiösen Gemeinschaft ansieht – und nicht als freie, sich selbst bestimmende Subjektivität. So werden etwa die deutschen Bundestagsabgeordneten türkischer Abstammung (wie anläßlich der Armenienresolution) nicht als selbständige Bürger eines anderen Staates anerkannt, sondern als ihrer Abstammungsidentität verpflichtete Instrumente türkischer Politik beansprucht – oder als »Verräter« gebrandmarkt. Dieses Modell bleibt auch in der Ideologie ethno-religiöser Clans erhalten und bestimmt das verwandelte politische Selbstverständnis islamischer Migration – vom temporären Gastarbeiter oder akkulturierten Mitbürger zur extraterritorialen Kampftruppe ideologischer Bekehrer.[27] Kein Wunder, wenn fast zwei Drittel der türkischstämmigen Bevölkerung Deutschlands einem islamistischen Verfassungsreferendum zustimmen und ebenso viele Muslime in der EU das islamische Gesetz (*scharia*) über die säkularen Gesetzgebungen der liberalen europäischen Gesellschaften stellen. Es ist das ursprüngliche Pathos invasiver Bekehrungsgewalt islamischer Welteroberung, das an der »décadence« europäischer Gesellschaften einen maroden Übernahmekandidaten als seine neue weltgeschichtliche Aufgabe gefunden hat. Dazu bedarf es nun keiner kriegerischen Invasionen mehr; denn der westliche Rechtsstaat bietet von sich her die Möglichkeit, ihn durch biopolitische Subversion einem langsamen, fast unmerklichen und Generationen übergreifenden Transformationsprozeß zu unterwerfen, den das von Jetzt-zu-jetzt hoppelnde Aktualitätsbewußtsein erst dann bemerkt, wenn die Umwandlung vollzogen ist. Geschichtsbewußtsein erfordert Distanz, Übersicht und ein weites Vor- und Nachdenken: alles, was dem politischen Bewußtsein Europas heute fehlt.

Langsam weicht auch hier die naive Gewißheit, die liberale Aufklärungskultur werde die Akkulturation schon von selbst, gewissermaßen automatisch leisten, der bitteren Einsicht in die Realität gesellschaftlich zerworfener Verhältnisse: Die im Siegesbewußtsein modernen »Fortschritts« präsumierte Akkulturation fand nicht statt. Eine ebenso beliebte wie verfehlte Erklärung nennt als Grund dafür soziale Ursachen: Ghettoisierung in den Vorstädten, Arbeitslosigkeit, fehlende Aufnahme in die Mehrheitsgesellschaft, rassistische Vorurteile. Die Schuld liege also bei den Aufnahmeländern – es seien ihre Versäumnisse, die sich im steigenden Aktivierungspegel der islamischen Ideologie niederschlügen. Aber bei den eigenen Landsleuten, denen es mitunter auch nicht besser geht, oder bei Migranten aus anderen, nichtmuslimischen Kulturen tritt diese Problematik nicht auf – sie ist also schon islamspezifisch. Kulturspezifisch ist auch der europäische Abwehrmechanismus, der, anstatt die

27 Vgl. Hartmut Krauss, »Der zugewanderte Rechtsextremismus in Deutschland« zum Verfassungeschutzbericht 2016 (islamistischer Rechtsextremismus in D), in: Achgut.com, 11. 7. 2017.

Ursachen im Objekt zu suchen, sich selbst die Schuld gibt: christliche Schuldintroversion statt extrovertierter Sachklärung.

Die gängige sozialtheoretische Rede versteht »Integration« immer nur als sozioökonomische Eingliederung in die Gesellschaft und ihre Arbeitsprozesse: Je mehr einer verdient, desto besser sei er »integriert«.[28] Im Hintergrund steht die gesellschaftstheoretische Preisgabe des Begriffs der »Gemeinschaft«, seine Reduktion auf den ahistorischen und atomistischen Begriff der »Gesellschaft« als bloßes Aggregat von in ökonomischer Produktivität kollaborierenden Einzelnen, die eben nichts weiter als Arbeitskräfte – und keine Menschen – sind: ein »Kollektiv«, Zusammengesammeltes. Wo Migration nur als Standortwechsel wirtschaftlicher Arbeits- qua Produktivkraft verstanden wird, ist auch Akkulturation kein Thema mehr. Die bloße Legalität des Verhaltens begründet noch keine kulturelle Zugehörigkeit und Identität. Der Begriff der Gemeinschaft impliziert eine kulturelle und geschichtliche Synthese, die eine Vielheit von Menschen zu einem Ganzen gemeinschaftlicher Verständnisse eint, das ein jeder als konstitutives Moment seiner Identität an sich hat, das heißt als sein Ethos gemeinschaftlich geteilten Weltverhältnisses lebt. »Akkulturierend« aber kann eine Gemeinschaft nur kraft der positiven Selbstbejahung ihrer geschichtlichen und kulturellen Identität wirken – wo sie ihr geschichtliches Selbstbewußtsein verliert, bereitet sie der invasiven Migration das Feld. Ein Land ohne Selbstbewußtsein, ohne kulturgeschichtlichen Inhalt ist ein Territorium zum bloßen Gelderwerb. Es entspricht dem neoliberalen Ideal einer rein konsumierenden Menschheit, die sich an inhaltslosen und abstrakten »Werten« ihren ideologischen Überbau gibt, der keinen Menschen mit wirklichem Leben erfüllen kann – sowenig wie das intellektuelle Hirngespinst eines »Verfassungspatriotismus«, das nur das Extrakt seiner Verdrängungsleistung »nationaler« Identität ist. Akkulturierende Integration ist etwas anderes: die Kraft der Gemeinschaftsbildung durch ein

28 Die nach diesem Maßstab »gut« integrierten Fußballer stehen dann doch mit streng zusammengepreßten Lippen da, sobald die Nationalhymne gesungen wird. In der Nationalmannschaft gelte er als Franzose, meinte Karim Benzema, sonst sei er einfach nur »beurre et arabe« (dt. etwa »Nafri und Araber«), und dies sei auch seine Identität: Er sei kein Franzose. Und Frankreich erschrak sich …

kulturgeschichtlich zugrundeliegendes Selbstbewußtsein, das die Zuwandernden von seiner menschlichen Wahrheit zu überzeugen weiß.

Im Gegensatz zur gemeinschaftsbildenden Kraft monotheistischer Religionen sind religionsprivative Gesellschaften – wie die europäischen – partikularisierend: Sie zerstäuben in die Vielfalt von Beliebigkeiten, weil sie über keine Einigungskraft mehr verfügen, die alle partikulären Tätigkeiten in einem transzendierenden Freiheitsideal menschlichen Daseins zentriert. Nicht der Islam ist die Gefahr Europas, sondern der Verlust des eigenen kulturellen und geschichtlichen Selbstbewußtseins, das mit seinen pseudoreligiösen Surrogatwerten über kein ethisches Fundament seines Weltverhaltens mehr verfügt, also ohne Akkulturierungsstärke integrationsschwach bleiben muß. Daher ist auch die Unsicherheit seiner Bürger keine gegenüber Muslimen und Islamisten, sondern gegenüber sich selbst – der eigenen Ortlosigkeit und politischen Ohnmacht, die sie mit dem unterschwelligen Schamgefühl zurückläßt, in ihrer geschichtlichen Identität verraten allen äußeren Beliebigkeiten ausgeliefert zu werden. So entspringt der Ruf nach kultureller Rückbesinnung der verletzten Selbstachtung, die sich durch die Politik nicht mehr repräsentiert fühlt und den Rechtsstaat als Ohnmacht erfährt, die kulturelle und geschichtliche Identität zumindest noch in seinem territorialen Geltungsbereich zu behaupten.

2. Die zerrissene Seele

Betrachten wir den Islam als eine bestimmte Heilslehre, die durch Muslime auf sehr unterschiedlichen Aktivierungsniveaus gelebt wird, die wir auf einer Skala von 0 bis 100 anbringen können: Sie reicht von einer Art religiöser Indifferenz (0) bis zum Maximalpunkt (100), sein eigenes Leben bedingungslos der Heilslehre zu opfern (Taliban, Salafisten u.a.). Die frühe muslimische Immigration (in Deutschland etwa der Gastarbeiter aus der Türkei, in Frankreich und Großbritannien aus den Kolonialgebieten) ist eher vom Aktivierungsniveau 0 gekennzeichnet. Der Aktivierungspegel >50 scheint paradoxerweise erst in den Nachkommen erreicht zu werden, die unter europäischen Sozialisationsbedingungen aufwachsen und die originäre islamische Heilsgemeinschaft ihrer Herkunftsländer weniger aus eigener Erfahrung als vermittelt über Erzählungen, Verwandtenbesuche usf. kennen, sie aber durch die innerfamiliäre Sozialisation übernehmen. Indem die islamische Religionspolitik bei ihren Subjekten ein maximales Aktivierungsniveau einfordert, das sich gegen jede akkulturierende Homogenisierung schlechthin resistent zu verhalten hat, überwiegen zunehmend Selbstausgrenzung und Integrationsverweigerung.

Am Anfang ist diese Resistenz nur eine der kulturellen Andersheit, die sich inmitten der Fremde erstmals ihrer selbst in ihrem ganzen Ausmaß bewußt wird und die Andersheit damit in sich verstärkt: Die eigene kulturelle Identität wird im angstbesetzten Fremdfeld exponentiell aktiviert und als exklusives Selbstbewußtsein des Andersseins zum Rettungsanker vor dem Selbstverlust im Fremden. »Xenophob« – wenn man den verfehlten Terminus schon benutzen will – ist in erster Linie nicht die Aufnahmegesellschaft, sondern der Migrant; seine ängstliche Abwehrreaktion sind familiäre Reklusion, kommunikative Selbstausgrenzung in kulturhomogenen Vereinen, religiöse Intensivierung. Es ist die Scheu, am kulturellen Leben der umgebenden Mehrheitswelt überhaupt teilzunehmen, sich auf sie einzulassen, wo sie über die unmittelbare berufsmäßige Subsistenzerhaltung hinausgeht. Freizeit und Unterhaltung, Spiel und Musik, Ernährung und Kleidung, Freundschaft und Liebe, Feste, Bräuche und Sitten etc. bilden die kulturelle Enklave »heimatlicher« Identität, die ganz dem kulturellen Herkunftsland verpflichtet bleibt. Nur die äußere, ökonomische Existenz tritt, wenn überhaupt, in Kontakt mit der umgebenden Fremdwelt, die sich damit in ihrer Fremdheit noch steigert. An der Selbstausgrenzung muß jeder Integrationsversuch scheitern. Man lebt nebeneinander her, jeder in seiner und nicht in einer gemeinsamen Welt.

Unter diesen Bedingungen konstituiert sich die nachfolgende Generation: die Migrantenjugend, im kulturellen Gegensatz von *familiärer Binnensozialisation* einerseits, die als maßgebende Autorität die tradierte Identität sprachlich wie kulturell fortzeugt und eine entsprechende Loyalität ihr gegenüber fordert, und der *gesellschaftlichen Außensozialisation* andererseits, in und für die das alles ein nichtiges, überholtes und nicht gangbares Lebensverhältnis ist. Der kulturelle Gegensatz wird damit erstmals zum Inhalt der eigenen sich konstituierenden Identität – und zerreißt die Seele: Sie weiß nicht mehr, wohin sie überhaupt gehört, findet weder im Herkunfts- noch im Ankunftsland die Grundlage ihres affirmativen Lebensvollzugs und verliert allen Boden unter den Füßen. Die zerrissene Seele steht im Nirgendwo – allein gelassen zwischen familiärer Binnenethik und gesellschaftlicher Außenrealität, die sie als ihre Lebenswirklichkeit übernehmen soll, aber nicht übernehmen kann, ohne Momente der eigenen Identität zu zerstören. In sich gespalten, geht die zerrissene Seele den Weg in die gesellschaftliche Selbstmarginalisierung, die nirgends daheim und im Familienverbund oder Clan nur aufgehoben ist. Es ist die Dramatik der zweiten und nachfolgenden Generationen, den von ihren Eltern irreversibel angebrochenen, aber nicht selbst vollzogenen Identitätswechsel auszutragen, der schmerzhaft genug die ganze Affektivität der Zugehörigkeitsgefühle in Aufruhr bringt.

Der Mensch ist kein atomistisches Ich, sondern ein wir-bildend vergemeinschaftetes Wesen, das sein Ich immer nur als Zugehörigkeit zu einer geschichtlichen, geographisch und sprachlich ausgegrenzten Erfahrungsgemeinschaft ist. Sie ist Quell- und Ursprungsort seiner ganzen Weltaneignung und konstituiert damit seine Identität: das, was »er selbst« für sich ist und in die Selbstbejahung seines Daseins übernimmt. Die kulturgeschichtliche Identität verhält sich ja- und meinsagend zu allem, was den gemeinschaftlich herausgebildeten Fundus des Weltverhaltens ausmacht – es sind *meine* Landschaften und *meine* Wetter, *meine* Dörfer und Städte, *meine* Architektur, *meine* Märchen, Gedichte und Lieder, Mythen und Erzählungen, *meine* Literatur und Musik, Kunst und Wissenschaft, Religion und Philosophie, die ich in die Auseinandersetzung *meine*s Lebens übernehme, bewahre, fortentwickle oder kritisiere und ausscheide. Der Mensch ist immer ein regionales, kulturgeschichtlich eigentümliches Wesen, das unter den Bedingungen generationsübergreifender Prozesse seine Lebenswirklichkeit entfaltet. Unter »Integration« ist also ein identitätsbildender Prozeß zu verstehen, der die Migranten aus anderen kulturellen Gemeinschaften einer »Assimilation«, das heißt einer Angleichung an die geistigen Lebensgrundlagen und damit einem

Identitätswechsel, unterwirft, an deren Ende und Zielpunkt sie in der aufnehmenden Gemeinschaft gänzlich aufgehen. »Gelungene Integration« ist eine solche, in der sie sich von Anderen nur noch als Ich und Person (als Moment), nicht aber mehr als »Wir-Anderen« (als Totalität) unterscheiden. Es liegt auf der Hand, daß ein solcher Identitätswechsel vom Einzelnen überhaupt nicht zu leisten ist, sondern einem generationsübergreifenden Prozeß unterliegt: Denn er ist in den ersten fünfzehn bis zwanzig Jahren irreversibel abgeschlossen die unveräußerliche kulturgeschichtliche Prägung individueller Existenz. Je konträrer sich die kulturellen Ausgangsparameter gegenüberstehen, desto schwieriger, umwegiger und zeitraubender wird auch eine gemeinschaftsbildende Integration: Sie mag leicht ein Jahrhundert in Anspruch nehmen; ist sie dann aber nicht vollzogen, dann haben wir es mit den irreversiblen Zerwürfnissen von Ghetto- und Parallelgesellschaften zu tun, in denen sich die kulturelle Identität der Gemeinschaft und damit die Grundlage des Staates auflöst.[29]

Es ist keine Kleinigkeit, ein Ich einer anderen Gemeinschaft zu werden, und um so schwieriger, als diese selbst kein funktionales Äquivalent vergemeinschaftender Identität mehr anbietet, sondern nur ein leeres Allgemeines, das für nichts als wahllose Beliebigkeiten einer bloßen Subsistenzgesellschaft steht. Der Identitätswechsel erscheint so mehr als Verlust denn als Gewinn, wo an die Stelle einer machtvollen Identität religiöser Absolutheit und ihres starken Gemeinschaftsgefühls ihre bloße Neutralisierung zu privativen Verhältnissen moderner Orientierungslosigkeit tritt. Es fehlt jede geistige Haltung; das Erkennen hat den Glauben an sich verloren, und die Wissenschaft sieht sich nur

29 Aufgrund ihrer ökonomischen, technologischen, politischen und militärischen Vormachtstellung drängt sich den Europäern hier das ganz falsche Vorbild der USA auf, eines sehr jungen Staates, dem seine geschichtlichen Proben angesichts seiner religiös-ethnisch und rassistisch zersplitterten Gesellschaft erst noch bevorstehen. Der hohe Desintegrationsgrad der durch die geographische Lage vor allen äußeren Feinden geschützten US-amerikanischen Gesellschaft und die exorbitant hohe Individualbewaffnung ihrer Bürger werden in den nächsten Jahrhunderten möglicherweise zur größten Gefahr für das Land heranwachsen. Die Europäer sollten sich hüten, die aktuelle Machtstellung der USA mit jener gemeinschaftsbildenden Kraft zu verwechseln, die über die Jahrhunderte gerechnet allein kulturell geschichtsmächtig ist.

noch als technologische Produktionszentrale im Erlebnispark »Welt«. Das nihilistische Europa hat keine sich selbst bejahende Identität mehr anzubieten, nur eine technologische Zivilisation mit einem relativen ökonomischen Wohlstand, dessen ideologischer Überbau abstrakter Werte ein Äußerliches und Nichtssagendes bleibt, aber keine kulturell vergemeinschaftende Identitätsbildung zu leisten vermag. Eine orientierungslose Wohlstandswelt ist nichts gegen die absolute Macht gemeinschaftsstiftender Gottesbegeisterung – vor allem kein Identitätsangebot für muslimische Jugendliche. Alles Befreiungscharisma des neuzeitlichen Europas ist dahin, aller Enthusiasmus für die moderne Wissenschaft und Philosophie, die noch im 19. Jahrhundert als Versprechen, den Menschen von allen überlebten religiösen Verhältnissen zu befreien, auch die stürmische Integration des Judentums zu leisten vermochte, verflogen: Den muslimischen Jugendlichen umweht nicht mehr die weltgeschichtliche Aura eines anbrechenden neuen Vernunftzeitalters, die ihm zum beglückenden Ereignis der Befreiung des Menschen zu seinem wahren Sein werden könnte. Im Gegenteil: Er soll die Absolutheit religiöser Gewißheit und ihre beseelende Gemeinschaftsmacht preisgeben für eine verunsicherte und geängstigte Zweifelsgesellschaft, die in geschichtlichen Selbstzerwürfnissen dahindarbt und über keine positive Selbstbejahung eigenen Daseins mehr verfügt, für die es sich zu leben und zu kämpfen lohnte, die überhaupt imstande wäre, das Ganze des Lebens in einem letzten, alles überbietenden Ziel zu einen. Was ist schon die moderne Unverbindlichkeitskultur gegen die absolute Autorität des sich im Propheten offenbarenden Gottes? Kein absoluter Inhalt, der mit Leidenschaft und Begeisterung übernommen werden könnte – sie impliziert im Gegenteil die Übernahme einer bodenlosen Schuldkultur, die der Herkunftsidentität gänzlich zuwider ist. Wenn der Islam zu Deutschland und Ausschwitz zur deutschen Identität gehört, dann gehört Auschwitz zur Identität der Muslime, die zu Deutschland gehören. Wie soll man das in eine konsistente Identitätsbildung konjugieren? Und wie soll sich dort, wo die muslimische Immigration kolonialgeschichtlich bedingt ist, eine Identitätsbildung vollziehen, die auf dem Herrschaftsverhältnis von Siegern und Unterworfenen beruht? Ist es denn nicht jedesmal der Blick der geschichtlich Unterlegenen ins

Gesicht der einstigen Kolonialherren und Unterdrücker? Wieviel Schuld und Scham, Widerwille und Rachegelüste durchziehen die Blicke? Wohin mit der zerrissenen Seele – wenn nicht in jene »Alternativgesellschaft« rechtsfreier Vorstädte oder gleich in jenen Gottesterror, der zumindest noch ein Bewußtsein des Absoluten erzeugt und der Selbstausgrenzung den Adel stolz zur Schau getragenen Andersseins verleiht?

»Islamismus« ist keine Jugendbewegung, aber unter muslimischen Jugendlichen in Europa eine politisch leicht aktivierbare Verführungsgröße, um den nihilistischen Mangel an positiv sich selbst bejahender Identität durch Gottesfanatismus zu kompensieren. Der »Terrorist« ist nur die letzte Spitze jener Selbstausgrenzung der zerrissenen Seele, durch die sie ihre Ortlosigkeit aktiv übernimmt und in ein letztes Heilsprojekt bündelt. Darin geht es nun um Leben und Tod, um Transzendenz, um Absolutes – darum, sich dem Gott darzubringen und dem eigenen Dasein das Siegel des Unsterblichen zu verleihen. Der freie Tod: man spürt ihn nicht, im Nu zerreißt einen die Explosion oder das Maschinengewehrfeuer. Es ist ein Tod ohne Leiden, plötzlich, abrupt, fast ekstatisch weggerissen aus dem Leben, heldenhaft und blind sich opfernd, ein Gotteskatapult, hochgeschossen zum Ewigen, der wahren Identität, von den Zurückbleibenden zugleich als Märtyrer verehrt und als Terrorist verflucht: »Gott ist tot – doch das ist *euer* Gott! Allah aber lebt, und ich beweise es euch durch meinen Tod! In der Welt der Ortlosen bin ich nichts, aber im letzten Akt verleihe ich mir absolute Bedeutung und werde der ganzen Welt mein Siegel einbrennen. Es ist mein Gang in die Unsterblichkeit. Die Sauerei räumen dann die anderen weg: Das gehört ihnen, ist der Preis ihrer Zivilisation, ihrer Werte, ihrer Humanität, ihrer Gottlosigkeit …«

3. Institutionalisierung der Zerrissenheit

Migration ist keine notwendige Folge der faktischen Globalisierung, die ohnehin nur die technologische Vereinheitlichung des Globus und seiner Kapitalwirtschaft betrifft, sondern das Resultat weltgeschichtlicher Unverhältnisse, deren revolutionäre Potentiale nach außen abgeführt werden. Der Migrant folgt der impulsiven Imagination ökonomischen Verlangens weitgehend besinnungslos über die Implikationen und Konsequenzen seines Handelns. An Identitätswechsel denkt er sowenig wie an die Neuordnung seiner geistigen Grundeinstellungen, die als kulturelle Habitualitäten ins Gastland mitimportiert und erst dort gesellschaftlich auffällig werden, wo sie sittlich anstößig oder strafrechtlich relevant werden. Zum revolutionären Potential ernötigter Emigration gehört eine elementare Aggressivität gegen die politischen Verhältnisse der nur widerwillig verlassenen Heimat. Aber indem diese in der Fremde zum Ort heimatlich-kultureller Sehnsucht verklärt wird, überträgt sich die Aggressivität des verdrängten politischen Unmuts auf das Gastland, und dies um so mehr, als die Selbstausgrenzung nach ihrer eigenen Legitimation sucht. Durch familiäre Binnensozialisation auf die nachfolgende Generation übertragen, entdeckt die zerrissene Seele daran nun ein günstiges Schema zu ihrer Selbstideologisierung, der die Schuldkultur europäischer Befindlichkeiten mit offenen Armen entgegenrennt. Dankbar nimmt die zerrissene Seele an, erklärt sich zum Opfer von Diskriminierungen, das zu jeder Form des Anklagens legitimiert ist, um seine Ansprüche in Rechte gegenüber der Aufnahmegesellschaft zu transformieren. Der Schmerz der Zerrissenheit entäußert sich in Wut und Haß und endet in der Verachtung aller Rechtsinstitutionen, von Polizei und Staat, gesellschaftlichen Lebensformen und Sitten, um sich daran selbst das Recht einer mehr oder minder außergesetzlichen Marginalexistenz zu verleihen. Die Selbstausgrenzung findet daran die Legitimationsbasis außergesetzlicher Lebensverhältnisse, die sich in Sozialbetrug, Schwarzarbeit und Korruption, Bandentum und organisierter Clankriminalität alternativgesellschaftlich »integrieren«.[30] Die Reproduktion jener Unverhältnisse, die zur Emigration nötigten, in den

30 Die arabischen Großclans von Neukölln sind für eine solche »gelungene Integration« ehemaliger libanesischer Asylanten ein beredtes, aber bei weitem nicht das einzige von der Verantwortungslosigkeit und dem Versagen der Politik zeugende Beispiel. Zu den »kulturellen Habitualitäten« gehört auch das ganze in der theologischen Anthropologie des Islam fundierte Rechts- und Staatsverständnis, das zur »tribalistischen« Verwahrlosung des modernen europäischen Rechts- und Sozialstaats führt. Vgl. Sieferle, *Das Migrationsproblem*, S. 104 ff.

aufnehmenden europäischen Rechtsstaaten ist als Import kultureller Habitualitäten eine Frucht jener sich nicht rechtsstaatlich akkulturierenden Selbstausgrenzung, die unter dem Schutzmantel der antidiskriminierenden Gleichschaltung aller kulturellen Eigenheiten jede Bildung in den neuzeitlichen Errungenschaften europäischer Kultur verweigert – sie also nur zu ihrer Selbstlegitimierung mißbraucht und damit zur Desintegration europäischer Lebenswelt führen muß.

Indem die europäische Welt den Schwund ihres geschichtlichen Selbstbewußtseins zur Liberalität ihrer Verhältnisse verklärt und ihn als geschichtslose Rechtsgleichheit aller Menschen instauriert, stellt sie selbst den Freibrief aus, all ihre Grundlagen gegen sie selbst zu kehren. Mit der »doppelten Staatsbürgerschaft« verleiht sie der zerrissenen Seele auch noch das Attest ihrer Akkulturationsverweigerung als bürgerlichen Rechtsstatus. Die gespaltene Identität wird zum legitimen Standard der Integrationsresistenz erklärt, die auf jede Gemeinschaftsbildung verzichtet. Was ist das anderes als das Eingeständnis, das personale Selbstsein eines Menschen nicht mehr orten zu können, mehr noch: darauf zu verzichten, daß er es selbst als Bildungsaufgabe seines Seins übernimmt? Statt dessen werden »Papierdeutsche« zu doppelten Vorteilsnahmen erzeugt, die keine Identitätsbildung kompensieren können. Die Zerrissenheit der Seele wird zur staatsrechtlich legitimierten Schizophrenie, die im Weder-noch und Sowohl-als-auch keine Identität ausbilden kann, um ihre Lebenswirklichkeit konsistent zu gestalten. Damit aber spaltet sich der Staat selbst und seine Verantwortung, die er nur für einen halben Bürger und für einen ganzen Menschen überhaupt nicht wahrnehmen kann. Eine Staatsbürgerschaft, die für nichts mehr steht, entwertet den Staat als Institution der kulturgeschichtlichen Gemeinschaft. Es wird dann in der Tat zu einer bloßen Nebensache, ob man den religiösen Symbolen des Islam dieselben Rechte zugesteht wie den christlichen und die moderne Erkenntniskultur ihrem eigenen Spott preisgibt, indem High-Tech-Unternehmen und Universitäten Gebetsräume zum fünfmaligen täglichen Niederwerfen zur Verfügung stellen und, wie in Frankreich, klassische Unterrichtsfächer europäischer Geisteskultur durch Islamunterricht ersetzt werden. Die Akkulturation kehrt sich aus geschichtlicher Kulturschwäche um in eine Akkulturation der Aufnahmegesellschaft. Es ist ihre Einwilligung zur invasiven Preisgabe ihrer geschichtlichen Identität, die sie sich im Geschichtsprozeß von Jahrtausenden erkämpft hat.

4. Akkulturation und Gemeinschaftsbildung

Ungleich anderer migratorischer Phänomene stellt die muslimische Massenimmigration auf europäisches Territorium die Politik vor die geschichtlich ganz neue Aufgabe einer akkulturierenden Gemeinschaftsbildung, die sie bislang weder erkannt noch ergriffen hat. Dies, und nicht der Islam oder die Islamkritik, ist die größte Gefahr Europas. Die indischen Verhältnisse sind dafür lehrreich: Indien hat jahrtausendelang alle migratorischen Invasionen absorbiert und sie, wie es der weltgeschichtliche Normalfall ist, durch Akkulturation neutralisiert – bis auf den Islam, der selbst nach 1000 Jahren nicht assimiliert war und zur religiösen Aufteilung des Landes mit Abspaltung zweier islamischer Republiken (Pakistan und Bangladesch) geführt hat. Im verbleibenden Indien hat sich der religiöse Antagonismus radikalisiert und zu Parallelgesellschaften verfestigt, und zwar ganz gegen die ursprüngliche polytheistische Liberalität hinduistischer Traditionen, die erst durch ihre dialektische Kontamination am Ausschließlichkeitsdenken des monotheistischen Gegensatzes die entgegengesetzte Fanatisierung eingingen (BJP), die ihnen sonst und von sich her fremd war. Insofern haben sich die traditionellen Verhältnisse umgekehrt: Die indigene Religiosität hat sich der Invasionsreligion »assimiliert«, nicht umgekehrt. Europa sollte nicht glauben, daß es die indische Erfahrungsgeschichte von 1000 Jahren schadlos ignorieren und der realgeschichtlichen Dialektik entkommen kann. Koloniale Eroberung mag in migratorisches Erobertwerden umschlagen. Letztlich werden die Europäer darüber entscheiden müssen, ob die muslimische Immigration eine invasive oder akkulturierende ist – eine Entscheidung, von der ihre eigene geschichtliche Zukunft abhängt.

Die Immigration aus kulturinkompatiblen Gebieten sprengt die für jede politische Gemeinschaft unabdingbare Voraussetzung einer geschichtlich ausgebildeten sittlich-kulturellen Einheit des Staatsvolkes.

Damit hebt es den politischen Begriff seiner Freiheit – die »Selbstbestimmung« – auf. Wo das Selbst keine Einheit mehr bezeichnet, wird das Bestimmen zum Machtkampf antagonistischer Kräfte. Da hilft auch nicht die Irrlehre von einer vermeintlich »weltanschaulichen Neutralität« des Staates. Der Staat als Rechtsinstitution ist kein kulturgeschichtlich indifferentes, sondern ein ethisches Gebilde, das aus generationsübergreifenden geschichtlichen Bildungsprozessen hervorgeht und in ihnen verankert ist. »Neutral« ist nur der moderne säkulare Staat gegenüber der aus dem Religionsverlust resultierenden weltanschaulichen Pluralität seiner Bürger, deren Rechtsgleichheit er garantiert. Diese religionsprivative »Säkularität« macht seine ethische Bildung aus, die bei allen weltanschaulichen Differenzen seiner Bürger die in sich homogene Verfassung des Staatsvolks selbst ist – sich also keineswegs »neutral« gegenüber anderen Kulturen verhält. Auf ihrer Grundlage hat der Staat auch das Vorrecht, autonom zu entscheiden, was er als Sitte und Religion anerkennen will. Genau dies macht aber dann den Unterschied zwischen Ein- und Zuwanderungsland aus: Ein Zuwanderungsland behält immer das Vorrecht territorial ausgebildeter Sittlichkeit gegenüber jeder formalen Gleichstellung von Importreligionen und hat daran sein unveräußerliches Selbstbestimmungsrecht, zuwandernde Sitten und religiöse Praktiken als ethisches Fehlverhalten zu diskriminieren und von seiner ethischen Bildung auszuschließen. Weder steht die *scharia* gleichberechtigt neben dem Grundgesetz noch impliziert die Religionsfreiheit die rechtliche Gleichstellung des Islam mit den religiösen Bildungsinstanzen europäischer Kultur. An den interkulturellen Differenzen findet auch das innerstaatliche Diskriminierungsverbot seine Grenze. So verstößt auch jede »kultursensible« Rechtsprechung gegen das ethische Fundament, das der geschichtlichen Ausbildung der staatlichen Rechtsordnung zugrunde liegt und sie trägt.

Akkulturation erfordert deshalb eine Politik erneuerter Gemeinschaftsbildung, deren Grundlage nicht die Religion, sondern einzig und allein die neuzeitliche Erkenntniskultur sein kann, wie sie sich in Wissenschaft und Philosophie verwirklicht. Denn sie ist nicht nur die geschichtliche Grundlage einer Regionalkultur mit ihren lebensweltlichen Verhältnissen, sondern ein weltgeschichtlicher Epochenbruch, der die gesamte Menschheit in die neue Sphäre wissenschaftlich-technologischer Rationalität hinübersetzt und als globales Geschehen wirksam wird, welches das menschliche Weltverhältnis von Grund auf verwandelt. Wie fragwürdig dies auch immer sein mag – es wird die überlieferte Religiosität menschlichen Weltverhältnisses in seinen Wandel mit hineinziehen und von seinen noch unausgeloteten Potentialen her reorganisieren. Europa als Ursprungsort dieser weltgeschichtlichen Revolution ist auch der Ort ihrer tiefsten Infragestellung. Dafür steht die gesamte moderne Philosophie als geschichtliche Bildungsaufgabe modernen Menschseins. Ihre Sache ist nicht der Ausstieg aus dem Erkennen in die religiöse Reinszenierung menschlichen Daseins, sondern seine Vertiefung zur Überwindung seiner nihilistischen Auflösungserscheinungen, wie sie die Praxis wissenschaftlich-technologischer Rationalität unvermeidlich mit sich bringt. Die geschichtliche Wirklichkeit der Moderne bedarf deshalb auch keiner religiösen oder weltanschaulichen Reideologisierung, höchstens der selbstbewußten Wiedererweckung (*renaissance*) ihres geistigen Kulturgrundes, wo dieser sich aufzugeben und zu verfallen droht.

Die geschichtliche Bildungsaufgabe, die Inkompatibilität des Islam mit der europäischen Kultur in eine neue Gemeinschaftsbildung zu überwinden, kann deshalb nicht darauf verzichten, muslimische Migranten in den Aufklärungsprozeß einer religiösen Bewußtseinskrise hineinzuziehen, die eine bedingungslose Offenbarungsunterwürfigkeit durch historische Kritik auflöst und die Grundlage eines freien Verhältnisses zur religiösen Überlieferung stiftet. Dies gelingt nicht ohne äußeren politischen Druck: Europäischen Muslimen sind die Bildungsanstrengungen der modernen Erkenntniskultur zuzumuten, und es hat noch keiner Religion geschadet – weder dem Judentum noch dem Christentum –, ihre Kerngehalte der weitestgehenden Klärung durch das Erkennen zu unterwerfen und sie daran zu einer höheren allgemeinmenschlichen Geistigkeit zu vertiefen. Vorbilder hat die islamische Tradition selbst an ihren alten großen Philosophen. Die europäische Welt könnte für Muslime zum Befreiungsraum einer grundlegenden Selbsterneuerung werden, gesetzt, *sie selbst* brächte zuallererst die Bereitschaft und Kraft auf, sich durch die Rückbesinnung auf die

Grundlagen ihrer philosophischen und wissenschaftlichen Erkenntniskultur neu zu klären. Zu dieser europäischen Selbstaufklärung gehört auch, die geschichtlichen Verwerfungen des 20. Jahrhunderts in sachliche Erkenntnisse aufzulösen, um ein neues, sich selbst bejahendes geistiges Selbstbewußtsein zu entfalten, das, von der Schuldkultur moralistischer Besessenheiten und Selbstzerwürfnisse befreit, eine positive Integration leisten kann. Solange sich die moderne Erkenntniskultur auf die Produktion von Technologien und ihre Ökonomisierung von Begierden reduziert, überläßt sie alles andere – den Menschen selbst und sein Weltverhältnis – der Narrenfreiheit ideologischer Beliebigkeiten, die nur noch durch allgemeine Moralismen domestiziert werden. Der Rückgang in die Selbstbesinnung modernen Menschseins ist zumutbar – und eine Bildungsaufgabe nach beiden Seiten, der europäischen wie der muslimischen.

Politische Vernunft vermag die realgeschichtliche Negativität menschlicher Gemeinschaften nur dann produktiv zu gestalten, wenn sie sich der klaren und illusionslosen Einsicht in die geschichtlichen Grundlagen menschlicher Wirklichkeit und ihre kulturellen Differenzen stellt, anstatt sich in universalmoralistischen Ideologien des Sein-sollenden zu verlieren, einer »Ideologie der Menschenrechte«, die als Erbe allgemeinen (»katholischen«) Kollektivheils missionarisch auftritt. Indem sich der binnengeschichtliche »Polytheismus der Werte« nach außen als moralistischer Universalismus entfaltet, verkehrt er sich zu einem neuen imperialistischen Anspruch auf ein menschheitsgeschichtliches Kollektivheil, der die interkulturellen Gegensätze nur verschärft, bis sie in Terror und Krieg ihre wechselseitige Vernichtung beschwören. Leben auf dem Planeten Erde heißt, mit Differenzen umzugehen, die bis tief ins Mark menschlicher Existenz langen. Wirtschaft und Finanzen, Wissenschaft und Technologie mögen »international« sein – der Mensch ist es nicht: er bleibt ein regionales, kulturgeschichtlich eigentümliches Wesen, das unter den Bedingungen territorialer Gemeinschaften das Ethos seines Weltverhaltens entfaltet und gemeinschaftsbildend fortzeugt.

5. Aufgaben der Bildungspolitik

Eine zerrissene Seele läßt sich nicht flicken, aber durch vorausgehende Bildung vor der Zerreißung bewahren. Realpolitische Vernunft setzt die Aufgabe erneuerter Gemeinschaftsbildung dort an, wo es um die Bildung des Menschseins geht: in der Bildungspolitik. Dazu gehört der dezidierte Eingriff in die familiäre Binnensozialisation, nicht nur über eine allgemeine Kita-Pflicht ab dem dritten Lebensjahr, wie es der ehemalige Neuköllner Bürgermeister Heinz Buschkowsky schon vor längerer Zeit forderte, sondern gerade auch durch die pädagogische Aufklärung und Ausbildung der Eltern, die ihnen deutlich macht, daß Migration kein nur ökonomisch bedingter Ortswechsel ist, bei dem man sich ansonsten gleich bleiben könnte, sondern eine existentielle Grundentscheidung für die Nachfolgegeneration impliziert, die auf eine gänzliche Umwandlung des eigenen Selbstverständnisses geht. Solange es muslimischen Migranten erspart bleibt, sich überhaupt klarzumachen, was »Migration« in den europäischen Kulturbereich bedeutet – und erfordert –, so lange darf man sich auch nicht wundern, wenn sich kulturelle Selbstausgrenzung so weit institutionalisiert, daß sie noch nicht einmal merken, in einem anderen Land zu leben. Es bleibt deshalb auch eine Feigheit irregeleiteter Konfliktvermeidung, die muslimische Gemeinschaft von ihrer Verantwortung für die religiöse Gewalt, seien es nun Ehrenmorde, Attentate oder anderes, freizusprechen – es sind »ihre Leute«, die durch die Selbstausgrenzung der familiären, ethnischen und religiösen Binnensozialisation als heimlichen Brutstätten der Gewalt ausgebildet sind und ihre zerrissene Seele in Terror entladen.

Verkehrte Selbstdefinitionen führen zu falschen Gegensätzen; und solange Europa sich als »christliche Welt« definiert oder von muslimischer Seite definieren läßt, so lange wird auch ein religionsgeschichtlicher Gegensatz als Konfliktbereich festgeschrieben, den es längst nicht mehr gibt. Nichts kann verfehlter sein, als der muslimischen Immigration eine europäische »Rechristianisierung« entgegensetzen zu wollen. Die auf das Griechentum zurückgehende Erkenntniskultur Europas ist keine, die sich »religiös« oder in religiösen Gegensätzen definieren ließe:

sie liegt in der gegenüber allen Religionen ganz anderen Dimension theoretischen Erkennens, die auch innerhalb der islamischen Rezeption griechischer Philosophie und Wissenschaft zur Geltung kam und den Bereich religiösen Weltverhältnisses als maßgebliches Leitparadigma menschlichen Daseins aufhebt. Daher die zahlreichen Neuverortungen des Religiösen als vom menschlichen Erkennen eigens ausgegrenzten Bereichen der Selbst- und Weltverständigung, die sich nur in der Auseinandersetzung mit der sachlichen Erkenntnisdimension begründen können, dazu aber selbst die Form philosophischen Erkennens übernehmen und aus der religiösen Offenbarungsgewißheit heraustreten müssen. Es ist dieses neuzeitliche Verständnis des Menschen als Erkenntniswesen, das allen religiösen Überlieferungen gleichermaßen als neutralisierte Sphäre ihrer Selbstverständigung zur Verfügung steht und deshalb als Grundlage aller europäischen Schulbildung fungieren muß, um, von allen gleichermaßen angeeignet, zum Referenzpunkt ihrer Verständigungen zu werden. Eben darin besteht die Bildungsaufgabe der Politik: die Grundlagen des geschichtlichen Weltverhältnisses zu vermitteln, die ihren eigenen Bestand als Organisationsform der Gemeinschaft ausmachen. Was heißt: Einführung eines soliden Philosophieunterrichtes (statt: Religion oder Ethik) in den Schulen, um bei allen Bürgern – gerade auch bei denen mit muslimischem Migrationshintergrund – ein Selbstbewußtsein des Erkennens als Grundlage freier Diskursivität zu schaffen, die ihre mentale Selbstausgrenzung überwindet und den Boden einer neuen Sachlichkeit menschlicher Daseinsverständigung stiftet.[31] Gerade die Schulbildung hat die elementare Aufgabe, einen gemeinschaftsbildenden Verständnishorizont menschlichen Daseins jenseits religiöser, weltanschaulicher und ideologischer Differenzen zu vermitteln, der aus einem vertieften Geschichtsbewußtsein heraus auch als Medium politisch-bürgerlicher Verantwortung fungiert und durch eines der wichtigsten Instrumente der Gemeinschaftsbildung: den obligaten Wehr- oder Zivildienst, ergänzt wird. Denn abseits von allen verteidigungspolitischen Erwägungen ist der Dienst an der

31 Vgl. Rudolf Brandner, *Universitätsphilosophie. Zum Kollaps einer Bildungsinstitution* (Essen 2015).

Gemeinschaft, ihren Gefahren und Nöten auch im sozialen Bereich, ein entscheidendes bewußtseinsbildendes Moment »jenseits des Ich«, seinen oft noch ratlosen Impulsen individueller »Selbstverwirklichung«, die zahlreiche Jugendliche unterschiedlichster familiärer und sozialer Herkunftsverhältnisse einander begegnen läßt und neben der fachlichen und existentiellen Bereicherung ihrer Lebensperspektiven auch ihr politisches Verantwortungsgefühl für das gemeinschaftliche Dasein schult. In diesem Sinne sind Wehr- und Zivildienst unverzichtbare Momente der Bildungspolitik; und ihre gemeinschaftsbildende Funktion ist immer auch präventive Sicherheitspolitik.

Die religiöse Bildung ist deshalb aus der allgemeinen Schulbildung auszugliedern und den verschiedenen Religionen selbst in der jeweiligen Landessprache zu überantworten, und zwar ausschließlich staatlich autorisierten Religionslehrern, deren Unterhalt, wie alle finanziellen Aufwendungen der Gemeinde, von den Mitgliedern selbst getragen wird. Nur unter den Bedingungen des europäischen Verständnisses der »Religionsfreiheit« – der inneren Gewissensfreiheit sowie der äußeren Legalität ritueller und kultischer Praxis – kann auch eine ethische Akkulturation an die geistigen Grundlagen der europäischen Kultur gelingen, die eine existentielle Zugehörigkeit entwickelt und die latent gewaltbereite Selbstausgrenzung durch eine neue Gemeinschaftlichkeit überwindet. Deshalb ist es auch unabdingbar, daß jederzeit nach Erreichen der Volljährigkeit eine freie, von sozialem Druck und religiösen Institutionen unabhängige Entscheidung über die Religionszugehörigkeit erfolgen kann und für jede Religionsgemeinschaft die politische Möglichkeit gegeben wird, durch einen einfachen bürgerlichen Akt den Austritt aus ihr zu erklären. Niemand ist aufgrund seiner Herkunft, Geburt und Sozialisierung gezwungen, seine geistige Identität in einer Religionsgemeinschaft zu verankern, deren Inhalte er nicht teilt. Die Pragmatik realpolitischer Vernunft impliziert den Mut zu allen gesetzgeberischen Maßnahmen, die zur Akkulturation muslimischer Immigration auf europäischem Territorium notwendig sind – vom Verbot der Vollverschleierung (Burka) bis hin zur Aberkennung der hier erworbenen Staatsbürgerschaft und Ausweisung in das muslimische Herkunftsland. Keiner wird gezwungen, hier zu leben; wo er es aus freien Stücken tut, hat er sich auch die geschichtlich errungenen Freiheitsbedingungen der europäischen Kultur anzueignen, die ihm die Entfaltungsmöglichkeiten seines eigenen Daseins bieten.

Dies ist das eine, was die europäische Politik als Aufgabe übernehmen muß, will sie das Jahrhundert überstehen. Das andere ist, was die islamische Welt in den nächsten Jahrhunderten selbst leisten muß. Der Islam ist kein europäisches oder nur westliches Problem, er ist sogar mehr als nur ein Problem der gesamten außerislamischen Welt: ein Problem der islamischen Welt selbst, die sich in den Strudel ihrer Selbstzerstörung wirft. Sie wird dem nur entkommen, wenn sie die weltgeschichtlichen Bildungsstrukturen der außerislamischen Welt aufnimmt und produktiv in sich aufarbeitet, um sich und ihr Verhältnis zu allen anderen Menschheiten neu zu klären. Das ist ein hartes, zähes und langwieriges Geschäft, das Jahrhunderte in Anspruch nimmt. Europa ging es nicht anders. Denn dazu gehört nicht nur die neue erkenntnismäßige Durchdringung der religiösen Offenbarungswahrheit des Koran, die als neuer, »indoeuropäischer Islam« die geistige und ethische Kompatibilität mit den Verständigungsgrundlagen nichtmuslimischer Kulturen zu leisten hätte, sondern auch, das institutionelle Defizit einer maßgebenden Zentralautorität durch ein weltweites Konzil aller islamischen Rechtsschulen und religiösen Autoritäten zu überwinden und entsprechende Institutionen zu gründen, die über freie Eintritts- und Austrittsmöglichkeiten, Lehrbefugnisse und Zwangsausschlüsse zu entscheiden haben. Wie leicht oder wie schwer dieser weltgeschichtliche Prozeß wird, wieviel Blutvergießen und Gewalt er noch fordert, wird auch davon abhängen, wie die außerislamische Welt insgesamt auf einen solchen Klärungsprozeß drängt, ihn fordert und fördert, ohne sich durch Übermächtigungsstrategien dialektisch in ihn zu verstricken und dabei selbst zugrunde zu gehen. Aber erspart werden kann es der islamischen Welt nicht, ihn aus sich heraus zu leisten – nicht mit Waffen, sondern durch geistige Erkenntnisarbeit, die auch das Lachen wieder lernt, selbst über die tabuisierten Bereiche der Religion, und vielleicht selbst eine satyrische Zeitschrift »Mohammed Hebdo« gründet, die alle dogmatischen Befangenheiten in die Heiterkeit einer höheren Geistigkeit auflöst.

ANHANG

Die Aufklärung meldet sich zurück. Zu Peter J. Brenners *Fremde Götter. Religion in der Migrationsgesellschaft*

Das allgemeine Bewußtsein wächst, daß die durch die »Flüchtlingskrise« verschärfte muslimische Massenimmigration nicht nur eine sozioökonomische, sondern vor allem eine geschichtliche und intellektuelle Herausforderung darstellt. Sie zwingt das europäische Selbstverständnis zu Grundsatzfragen seiner geschichtlichen Identität: wofür es steht und wofür nicht. Peter J. Brenners Buch *Fremde Götter. Religion in der Migrationsgesellschaft* (Waltrop/Berlin 2017) kommt da gerade zur rechten Zeit. Professionell geschult auf dem hohen Reflexionsniveau von Philosophie und Literatur kommt in Brenner das geschichtliche Bildungsbewußtsein der Aufklärung selbst zu Wort und zerlegt mit dem »Handwerkszeug des Philologen« die Verschleierungstaktiken öffentlicher Diskurse, in denen sich die Hilflosigkeit offenbart, mit der geschichtlichen Situation umzugehen. Wer Brenners brillante Essays, seine scharfsinnigen Analysen untermischt mit subversiver Ironie kennt, wird auch von dem Buch nichts anderes erwarten: Hintergrundanalysen, die bei allem Kenntnisreichtum doch nicht den Blick für das Wesentliche verlieren, Fragezeichen, wo andere auf die Knie fallen, Problemstellungen, vor denen die Harmoniesucht gerne die Augen verschließt. Nur weniges davon läßt sich hier grob umreißen.

Geschichtliche Situationen fallen nicht vom Himmel: Welche geopolitischen Machtstrategien, welche Transfers demokratischer Entscheidungen auf supranationale Ebenen, welche Vernachlässigungen elementarer Rechtsgrundsätze liegen der muslimischen Immigration eigentlich zugrunde? Ist es nicht ein anachronistisches Staatskirchentum, eine längst fällige Neuklärung des Verhältnisses von Kirche und Staat, die das aufgeklärte Bewußtsein in die Defensive gegenüber den durch staatlichen Schutz privilegierten Religionen drängt? Und der Illusion den Boden bereitet, die Einhegung des Islam ließe sich – trotz dogmatischem Defizit und fehlender Zentralautorität – durch die Parallelisierung mit bestehenden Religionsgemeinschaften leisten?

Allzu leicht wird vergessen: »Religionsfreiheit« setzt die Befreiung von der Religion voraus und ist nur auf ihrer Grundlage möglich. Sie ist keine Sache der Religion, die sich aus der Offenbarung Gottes selbst versteht, sondern widerspricht ihrem innersten Kern und Begriff. Denn im Verhältnis zur göttlichen Selbstoffenbarung gibt es keine Freiheit, die der Mensch in Anspruch nehmen könnte – es sei denn die des Teufels: des »Satanismus« als schlechthinniger Verwerflichkeit, die um willen des Menschenheils selbst verfolgt und ausgerottet werden muß. Deshalb steht im Islam auch auf Apostasie die Todesstrafe. Erst die Befreiung vom offenbarungstheologischen Wahrheitsanspruch und die Überantwortung menschlichen Weltverhältnisses an die Autonomie des Erkennens erzeugen jene Position außerhalb der Religion, welche die Religionsfreiheit als subjektive Ergänzungsmöglichkeit individueller Daseinsverständigung garantiert. Es ist dieser geschichtliche Paradigmenwandel der Neuzeit, der die Grundlage der wissenschaftlich-technologischen Revolution der Menschheit konstituiert und als weltgeschichtliche Epochenwende den ganzen Erdball umfaßt. Deshalb ist die europäische Welt auch schon lange keine »christliche« mehr: Sie versteht sich als »säkularisierte« aus der Autonomie des Erkennens, der sich auch die religiöse Offenbarungswahrheit stellen muß, will sie überhaupt noch ein Bewußtsein von Transzendenz ausbilden und den Menschen aus der Horizontale seiner weltlichen Sorgen ins Vertikale eines Ewigkeitsbewußtseins aufrichten. Was aber bleibt davon, wenn die Kirchen durch den Verfall ihrer religiösen Substanz zu folkloristischen Moralagenturen geworden sind, die mit NGOs konkurrieren, um ihre säkulare Entwertung mit »Höchstwertverpflichtungen« migratorischer Barmherzigkeit jenseits aller politischen Rationalität zu kompensieren?

Brenner legt auch hier den Finger auf die Wunde. So erscheint der Moralismus als Rettungsanker inmitten der nihilistischen Auflösung der Moderne und dient als Lückenbüßer politischer Rationalität, wo diese ihren maßgeblichen Horizont – das Allgemeinwohl – an abstrakte, pseudotheologische Unbedingtheiten preisgibt und damit die Unterscheidung von Moral und Politik verwirrt. In aller Moral geht es um das Sein des individuellen Subjekts innerhalb einer menschlichen Gemeinschaft, in der Politik aber um das Handwerk der geschichtlichen

Gemeinschaftsbildung, die durch ihre Rechtsverhältnisse allererst die Grundlage für die Verwirklichung von Moralität schafft. Aus der Vermoralisierung des Politischen resultiert dann auch die unrühmliche Rolle der Justiz, durch die Berufung auf allgemeinste Menschenrechte die Entstehung von rechtsfreien Parallelgesellschaften zu legitimieren und durch Hypermoral gegen alle Kritik zu immunisieren. Wo der Bruch der modernen Lebenswelt durch kommunitäre Selbstausgrenzung und emblematisch zur Schau getragenes Abwehrverhalten (Kopftuch, Grußverhalten) mit der Verkehrung der Begriffe von »Toleranz« und »Respekt« verschleiert wird, stellt sich zwangsläufig auch die Frage nach der mentalen Verfassung einer Gesellschaft, die ihre Beliebigkeiten unter dem Etikett der »Religion« versteckt. Ein beliebig mit subjektiven Wünschbarkeiten aufblähbarer Begriff der »Menschenwürde« und ihrer »Werte« treibt sich in die Aporie, ihre Erfüllung nur um den Preis der eigenen Selbstvernichtung leisten zu können. Mehr und mehr zeigt sich, daß sich das europäische Bewußtsein in die Gefahr seiner Selbstauflösung begibt, wo es die geschichtlichen Bedingungen nicht mehr reflektiert, die das konkrete Kulturgut des modernen Rechtsstaates allererst ermöglichen.

Der Leser wird bald merken: Das Problem ist nicht die muslimische Immigration, ist auch nicht der Islam – sondern der Verlust des geschichtlichen Selbstbewußtseins, das die Grundlagen der europäischen Kultur ausmacht. Brenners reich differenzierte Analysen geraten so zu einem Lehrbuch der Wehr- und Hilflosigkeit eines verselbständigten Moralismus im Umgang mit der geschichtlichen Negativität der Verhältnisse. Und wenn sein Buch ein wichtiges Buch ist, dann weil es den Leser immer wieder in die geschichtliche Selbstbesinnung zurücktreibt, um ein Bewußtsein zu aktivieren, das die Erfahrungsgeschichte der letzten fünf Jahrhunderte nicht aus Dummheit, Wohlstandsblindheit oder schierer Lust am Untergang preisgibt. (2018)